開発援助委員会(DAC)ガイドラインと
参考資料シリーズ

OECD・WHO 編

開発途上国における
貧困と保健

岡　伸一
坂間　治子　訳

経済協力開発機構（OECD）

　経済協力開発機構（Organisation for Economic Co-operation and Development）は，1960年12月14日にパリで調印され61年9月30日に発効した条約の第一条に基づき，次のことを意図した政策を推進する．

(a) 加盟国において，財政金融上の安定を維持しつつ，出来る限り高度の経済成長及び雇用並びに生活水準の向上を達成し，もつて世界の経済の発展に貢献すること．
(b) 経済的発展の途上にある加盟国及び非加盟国の経済の健全な拡大に貢献すること．
(c) 国際的義務に従って，世界の貿易の多角的かつ無差別的な拡大に貢献すること

　OECD原加盟国は，オーストリア，ベルギー，カナダ，デンマーク，フランス，ドイツ，ギリシャ，アイスランド，アイルランド，イタリア，ルクセンブルク，オランダ，ノルウェー，ポルトガル，スペイン，スウェーデン，スイス，トルコ，イギリス，アメリカである．以下の諸国はその後加盟した．日本（1964年4月28日），フィンランド（1969年1月28），オーストラリア（1971年6月7日），ニュージーランド（1973年5月29日），メキシコ（1994年5月18日），チェコ（1995年12月21日），ハンガリー（1996年5月7日），ポーランド（1996年11月22日），韓国（1996年12月12日），スロバキア（2000年12月14日）．欧州委員会もOECDの活動に参加している（OECD条約第13条）．

© OECD 2003 Published in English and French under the titles：
"DAC Guidelines and Reference Series：Poverty and Health"
Lignes directrices et ouvrages de référence du CAD：Pauvreté et santé
"©. Kaihatsutojokokuniokeru HINKON TO HOKEN, Japanese language edition, Organisation for Economic Co-operation and Development, Paris, and GAKUBUNSHA, Ltd. Tokyo, 2006

　原文英語版から日本語への翻訳は（学文社）の責任で行った．

まえがき

近年，OECD（経済協力開発機構）とWHO（世界保健機構）は広い領域において共同作業を展開してきた．その中にはOECD加盟諸国の保健制度の施行状況を分析，測定，改善することを目的としたOECD保健プロジェクトも含まれる．開発途上国の保健と貧困について作成されたこのDAC（開発援助委員会）参考資料は，両機関の共同作業のもう一つの成功事例である．我々は開発と保健の両部門の広い読者層のためにこの成果を共同で出版することを決意した．

開発途上国では，貧困と病気の悪循環を断ち切ることが経済開発への重要な条件の一つである．8つのミレニアム開発目標のうちの3つが，保健に関係することであったという事実は，国際開発の領域を超えて，この主張について合意が形成されていることの証明でもある．

この参考資料は2001年の『貧困削減に関するDACガイドライン』によって採用されたアプローチをグローバルな関わりにおいてさらに深めたものである．この資料は貧困削減における保健の役割について，そして，貧困削減戦略の絶対必要な構成要素の一つとして，貧民の保健状態を改善するために必要な投資の範囲に関して，より深い洞察を加えている．

貧困者の保健を改善するためには，保健部門を超えて教育，水，衛生のような部門においても活動を展開していくことが必要となる．また，そのためには国内プログラムを超えて，貿易を含めた国際的レベルの保健へ影響力を持つグローバルな政策を模索することを伴うものである．

保健部門においては，行政のガバナンスを高め，保健サービスの機動性と質を高め，社会的弱者にまで及び，民間部門とより有効なパートナーシップを発展させ，公正な保健財政メカニズムの設計を含んだ防貧アプローチが要請される．

しかし，現実には財源をかなり増やさなければ，最貧国が防貧保健アプローチを実施することは不可能である．現在，ODA（政府開発援助）総額の約10%，年間40億米ドル弱の保健へのODA支出を増額することが緊急な課題となるだろう．

この資料は2002年12月のDACハイレベル会議で支持されたものである．包括的で見識が高く，技術的にも強力なガイダンスである．今後，WHO，OECD加盟国，そして各種開発支援団体が，貧困と保健に関して活動する際にこの資料が活用されることを希望する．

　OECD　　　　　　　　　　　　　　　　　　　　　　　　　　　WHO

謝　辞

　OECDとWHOの共同出版であるこの貧困と保健に関するDAC参考資料は，貧困削減に関するDACネットワーク（POVNET）と，貧困と保健に関する小グループによって行われた共同作業の成果である．POVNET座長のクラウディオ・スピネジ氏と小グループ座長のウォルフガング・ビックマン氏の指導の下で2年以上にわたる集中的な研究会によって，作業の方向性が確定され，参考資料の中身が決まった．

　貧困と保健を専門とする先進諸国の援助機関の熟練した政策助言者や，世界銀行，国際通貨基金，ユニセフ，国連開発計画，国連食糧計画，国連人口基金の代表も大きな貢献をしてくれた．この資料作成の過程では，特にWHOの技術的な専門知識に関して，ジョン・マルチン氏，レベッカ・ドッド氏，アンドリュー・カッセル氏から助言を得た．

　小グループのメンバーには，広く非政府部門，そして，絶大な貢献をしてくれた里親基金，アガ・カン開発ネットワークの代表も含んでいる．さらに，会議に参加した開発途上国の代表も，コメントを提示するなど貴重な役割を果たしてくれた．

　ロンドン衛生・熱帯医療研究所の職員の皆さん，保健部門開発研究所のアンドリュー・ブラウン氏，特に広範な草稿をいただいた開発研究所のヒラリー・スタンディング氏に感謝の意を表明したい．また，この資料はOECDの理事会，作業部会，ネットワークの責任ある立場の人々からの情報も反映している．

　上記の多くの人々からの草稿を得ながら，最終的な編集は開発協力理事会のステファニー・ベイル氏，ジャン・レノック氏，ポール・イセマン氏，ダー・

エレンプレ氏，そして，ジュリ・セイ氏，マリア・コンソラチ氏の協力を得て完成された．

目　次

まえがき ……………………………………………………………………… i
謝　辞 ……………………………………………………………………… iii

概要と目的 …………………………………………………………………… 1
防貧保健アプローチを促進する主要な行動 ……………………………… 2
要　約 ……………………………………………………………………… 5

第1章　貧困削減のための保健投資 ……………………………… 15

1　はじめに　16
2　貧困と保健　16
3　貧困者の保健投資の経済合理性　18
4　防貧保健アプローチの定義　20
5　多様な国内情勢下での開発協力の役割　22
6　防貧保健のための資源活性化　24
7　開発協力の有効性の改善　26

第2章　防貧保健制度の支援 ……………………………………… 31

1　はじめに　32
2　保健部門の管理　32
3　保健サービスの供給強化　38
4　供給主体の多元化と保健サービス供給の挑戦　52
5　公正な保健財政メカニズムの開発　58

第3章　主な防貧保健の政策領域 ………………………………… 71

1　はじめに　72
2　保健改善の手段としての教育　73
3　食糧確保，栄養補給と保健　77

v

　　　　4　貧困，保健，環境　81
　　　　5　公的保健問題としての暴力と傷害　87

第4章　保健計画と監視の枠組と手段……………………… 95
　　　　1　はじめに　96
　　　　2　防貧保健のための開発協力手段　96
　　　　3　貧困削減戦略と保健　98
　　　　4　保健部門のプログラムとその貧困削減効果　100
　　　　5　測定と監視の進展　107

第5章　政策の統合とグローバル公共財……………………115
　　　　1　はじめに　116
　　　　2　保健のためのグローバル公共財　117
　　　　3　保健と貿易と開発　125

参考文献……………………………………………………………133
訳者あとがき………………………………………………………135

概要と目的

　OECDとWHOが共同出版した本書は，貧困削減に関するDACネットワークを通じたDAC加盟国による共同作業の成果であり，WHOや世界銀行，その他の主要な国際機関のみならず，非政府組織の経験と実績にも基づいている．また，本書は経済開発と貧困削減の問題と保健との関連付けに関して，最も体系的で最新のデータを提供している「マクロ経済学と保健に関する委員会」の成果の一部を引用している．

　この参考資料は，貧困を削減させ，保健関連のミレニアム開発目標を達成するためのひとつの手段として，貧困者の保健を改善する際の開発協力の有効性をさらに高めることを目的としている．2001年のDACハイレベル会議でOECDの開発協力担当閣僚と開発機関の幹部が合意した『貧困削減に関するDACガイドライン』を拡大し深めたものである．

　一連の政策提言は，本部および現地において開発機関の職員が政策を施行する際に広範囲にわたって関係するものである．つまり，開発途上国における防貧保健アプローチを支援する最も有効な方法を提供するものである．

　防貧保健アプローチとは，次のようなものからなる．

- 貧困者の保健を促進し，保護し，改善していくことを優先させる（第1章）
- 公正な財政方式を伴った防貧保健制度の開発を含む（第2章）
- 教育，栄養，水，衛生のような貧困者の保健に多様な影響を及ぼす領域に関係する政策を含む（第3章）
- 開発途上国主導の貧困削減戦略や保健部門プログラムに統合されている（第4章）
- 保健監視，貧困関連疾病の研究・開発，薬剤や予防接種関係の貿易政策上の問題，移民を含んだグローバル公共財と政策統合を視野に入れる（第5章）

防貧保健アプローチを促進する主要な行動

開発途上国	行動	開発機関 （開発途上国の政策の支援役割）
1 貧困削減の政治的意思を表明し，保健関連のミレニアム開発目標を達成する．	I 保健のために政治的意思と追加的資源を動員する	貧困緩和の進展と開発に対する保健の貢献について理解を深めることを奨励する．防貧保健アプローチを下支えする保健と他の政策領域との対話を促進する．
2 予算再配分と多重債務貧困国の返済金貯蓄を通して，保健のための国内の追加資源を動員する．保健支出の効率性を上げ，透明性と責任の高い財政制度へ改善する．		保健関連ミレニアム開発目標および貧困削減の達成のための支援を評価する．
3 保健における政策策定およびサービスの規制，購入，供給等にいたる主要な公的部門の機能に責任を持つ．	II 効果的な防貧保健制度を開発する	保健省の中核的機能遂行のための能力を強化する．
4 アクセスが良く，支払可能で対応力のある高品質な保健サービスを提供する．		疾病パターン，貧困者や弱者集団の保健サービス需要の確認を促進する．
5 貧困者が保健サービスに平等にアクセスできるよう保健財政制度を強化する．		財政や貧困者のアクセスしやすさを含めた保健制度の構築のため，社会的影響の分析能力を支援する．
6 地方分権を通し，サービス供給能力を強化させ，保健政策を支援する．有意義なコミュニティ参加を保障する．		市民社会組織やコミュニティの代表が，保健政策とプログラムに関して参加する能力を高めるよう支援する．
7 保健サービスの供給のため，民間部門およびNGOとのパートナーシップを開発する．		サービス供給の向上に向けた戦略を支援する．よりよい公的サービスおよび適用拡大を目的とする民間部門とのパートナーシップを含む．

	開発途上国	行　　動	開　発　機　関 (開発途上国の政策の支援役割)
8	保健を改善するための部門を超えた協力と政策目的の調和化を促進する．そのため，保健省以外の省庁の要請と手段に従う．	Ⅲ 貧困者の保健に影響を及ぼす他部門の政策に焦点を当てる	教育，栄養，水，衛生など，保健に影響を及ぼしうる部門の政策に関する認識を高めるよう支援する．
9	包括的な保健部門プログラムを先導し，責任を持って施行する．それを貧困削減戦略に統合する．		貧困削減戦略および保健部門プログラムの施行と改善のための政府の指導と責任をより促進する．支援と評価の共通の手順作成に向けて作業する．
10	貧困削減戦略と保健部門プログラム（および保健に影響を及ぼす他の部門）間の政策の関連と一貫性を向上させる．	Ⅳ 政府主導の貧困削減戦略と保健部門プログラムを通して作業する．保健成果の改善に向けた進展を監視する	保健における貧困と男女平等の分析のための能力を構築する．
11	グローバル保健活動が国内制度に統合されることを保障する．		グローバル保健活動が政府の責任と政策を支援するよう保障する．
12	保健制度の実施状況，および公正（男女平等を含む），アクセス，品質や財政に焦点を当てた保健成果を監視する中核的な指標を選択する．		保健と貧困削減目的に向けた進展を測定する政府の統計能力および監視制度を強化する．国内外の監視ニーズを均衡化させる．
13	保健に関するグローバル公共財の提供のための優先順位付けに参加する．それを貧困削減戦略に統合させる．	Ⅴ 防貧保健のためのグローバル公共財と政策の一貫性を促進する	保健のためのグローバル公共財の国際的イニシアティブを支援する．たとえば，支払可能な薬品や貧困者の疾病のためのワクチンに関する調査など．グローバル公共財への支援を，開発戦略全般に統合する．
14	貧困者に支払可能で重要な薬品の供給のため，知的財産権の可能性を十分に検討する．		防貧保健を支援するため，貿易政策や移民政策を含む諸政策の一貫性を促進する．優先性の高い薬品やワクチンに対する貧困国の支払可能なアクセスに関する知的財産権と公衆衛生に関するドーハ宣言を続行する．

要　約

 **I 貧困削減のための保健投資**

　保健は今,かつてないほどに国際的な高い関心事になっている.貧困者の保健問題に関する議論も,開発途上国の開発においてますます重要なものとなりつつある.実際,ミレニアム開発目標のうち3つが2015年までの保健の改善を求めていた.つまり,児童死亡率の削減,母親死亡率の削減,エイズ・マラリア・結核の拡大抑制の3つの目標であった.世界各国は,民族や宗教,政治信条,経済的社会的地位にかかわらず,達成しうる最高水準の保健を享受することが,すべての人類にとって基本的な人権のひとつであることに同意している.こうした個人の本質的な価値観を超えて,保健はまた人類全体の進歩や貧困の削減というテーマの中心的な課題でもある.

貧しい者ほど病気になり,若くして死ぬ.
　貧困者層では児童の死亡率,母親の死亡率が高い.有病率も高く,保健や社会保護へのアクセスも限られている.男女差別があり,貧しい女性や少女の健康状態をさらに悪化させている.特に,貧困者にとって健康は決定的に重要な経済的資産を意味する.彼らの生活は,彼ら自身の健康によって決まる.
　貧困者が一度病気や怪我をすると,世帯全体が貧困の罠に陥ってしまう.所得を喪失し,医療費負担の増大に苦しみ,没落していく.健康への投資は,経済開発のますます重要な手段であり,開発途上国,とりわけその貧困者にとって貧困の悪循環を断ち切るために必要不可欠であると認識されている.健康であることで,はじめて多様な方法で開発に貢献できるのである.つまり,労働生産性を引き上げ,教育水準を引き上げ,投資を刺激し,人口高齢化への移行を健全化させる.
　保健への投資が人間的にも経済的にも正当であることは,広く貧困者の保健改善をめぐる議題が益々重要視されつつあることからもうかがえる.本書は貧

困防止のための保健アプローチの主要な構成要素を確認し，他部門の政策やグローバルな取り組みを通じて，保健制度の内部，また制度外の活動の枠組みを提供するものである．この枠組みの中で，開発機関の支援は，開発途上国のニーズや能力，その政策に応じて多様化するであろう．

保健財源を測定することが優先されるべきである．

　ワクチンや薬剤を購入するため，また保健施設を建設し装備するため，質量ともに十分な人的スタッフを確保するため，保健制度を管理するため，健康にとって重要な他部門への投資を増加させるために必要なお金がなかったら，低所得国は保健関連のミレニアム開発目標を達成することはできないであろう．開発途上国の国家財政からさらなる財源調達と，保健に対する外部からの支援を実質的に増やすことが必要となる．開発機関は，以下のような場合，防貧保健目標の支援として追加的な財源を確保しやすいと考えている．

- 貧困削減戦略や包括的な保健部門のプログラムを表明し施行するという明瞭な政治的意思が開発途上国側に存在する．
- 国内の資源を活用するための真摯な努力が実際に行われている．
- 資源をより効果的に管理することが任せられる．
- 主な利害関係者が計画，管理，サービス供給に参加する機会が与えられている．

　政策や制度，ガバナンスが弱い国々においては，保健やその他の基本サービスが実現できる範囲内での支援は，貧困者や弱者を保護するために欠かせないものとなるであろう．このことはDACの成果『困難なパートナーシップ』においても強調されていた．

 **II 防貧保健制度の支援**

　防貧保健アプローチは，貧困者の保健を促進し，保護し，改善することを優先させる．防貧保健アプローチには，公平な財政構造を伴い，良質な公衆衛生や個人ケアの供給が含まれる．それは，保健を改善し，病気から貧困への悪循環を予防するために重要である．開発機関は，関連領域において各国政府の能力を強化することにより，開発途上国が防貧保健制度を開発することを支援すべきであろう．

- 保健サービスの政策立案者，監視者，購買者，供給者としての中心的な機能を果たすために公的部門の能力を強化することが，防貧保健システムの開発のための中心課題となる．資源の使い方を追跡し，人的資源の戦略を向上させるためには，強い制度的，組織的な能力が必要である．これらの課題は保健省の領域を超えており，より広範囲な行政改革という文脈の中で保健部門の改善を位置づけることの必要性を示唆している．

- 良質で，貧困者の保健ニーズと需要に敏感な公的・民間部門のサービスの開発は，何より優先されるべきものである．貧困者に著しい影響を及ぼすマラリア，肺結核，エイズなどの疾病，また，周産期保健やタバコ関連の疾病など非伝染性の疾病に焦点を絞ることも必要である．これらの疾病の負担が貧困者において顕著に現れるからである．

　このアプローチは，貧困者や社会的に弱い人々に効果を及ぼす戦略の活用によって，また，保健サービスの需要を喚起し，貧困地域への保健サービスの責任を果たすことによって，補足されるべきであろう．これらの目的を達成するために，非政府組織（NGO）や市民社会組織と同様に，貧困者の意見が，計画や実施過程において聞き入れられるべきであろう．

- 民間部門とのより良いパートナーシップは重要である．貧困者は，営利・非

営利にかかわらず民間サービス（NGOや宗教団体等）を頻繁に利用する．多くの開発途上国の公的部門は，全国民に保健サービスを供給する十分な能力もなく，民間部門の供給する保健サービスが防貧保健目標を促進することを保障する能力もない．

政府が民間供給者と開発できるパートナーシップの形態は，保健サービスの利用形態によって，また，パートナーシップの強さと質に応じて多様化するであろう．政府は特定の保健サービスをNGOに業務委託する道を選択したり，民間営利部門で利用可能なサービスの質の改善を模索するかもしれない．この政策を選択するには，規制や契約，監視に関する政府能力の強化が必要とされるだろう．

- 公正な保健財政制度は，保健ケアへのアクセスを向上させ，病気による破壊的な費用負担から貧困者を保護するためにきわめて重要である．この目標は効果的な社会保護戦略を必要とする．つまり，リスク別の共同出資制度や前払い制度の導入を目指し，貧困者の利用を妨げる初期保健でのサービス料金の現金支払いをやめることである．

III 防貧保健の主要な政策領域

貧困者が支払い可能で，質の高い保健サービスへのアクセスを保障するだけでは，彼らの保健改善には不十分である．貧困者の保健状況を決定する主な要因は，保健部門以外の活動にある．まず，貧困削減に関するDACガイドラインに概略が示されるように，有効な防貧成長政策を実施することが決定的に重要である．つまり，貧困者は所得の向上なしに食糧や保健サービスを購入することはできず，政府は国家歳入の増加なしに保健サービスの財源を増加することはできない．他部門の政策，特に教育，食糧，安全な水，衛生，エネルギー政策も非常に重要である．

貧困者の保健は，タバコやアルコール依存，交通事故や他の傷害，紛争や自然災害の破壊的な被害のリスクに曝される機会を減らすことでも改善される．開発途上国政府と開発機関は，主要部門のうちどの政策が保健とより広範な貧困削減目標を阻害し，あるいは，促進しているかを評価すべきであろう．そして，活動の重要性と費用効果に応じて諸政策に優先順位をつけ，適切な対応をしていくべきであろう．関連部門内で保健目標に関係する施行能力を強化する努力もここに含まれよう．

- たとえば，ミレニアム開発目標の保健関連の3つの目標の達成は，すべて男女平等と普遍的な初等教育に関する開発目標の達成如何にかかっている．特に，女性の教育は児童，家族，そして地域の保健ケアの改善に明らかに関連しているし，出生率の引き下げとも関係している．また，教育はエイズに対しても最も効果的な対抗手段の一つである．逆に，保健は教育の達成にとって主要な決定要因となっている．なぜなら，保健は認知能力や学校出席に直接的な影響を及ぼすからである．したがって，保健と教育にとっては，公立学校体制と非公式教育の両者を連携させる戦略も重要なものとなる．
- 食糧確保と栄養補給は，貧困者の保健に決定的な影響を及ぼす要因である．開発途上国において，約8億人が慢性的な飢餓状態にある．栄養失調は人の免疫体系に影響を及ぼす．疾病の発症率を高め，重症度を増し，児童の全死亡率の50％以上に関係する要素となっている．開発機関は，母子栄養補給プログラムを通じて，また，所得増加と社会サービスへのアクセス向上を目的とした政策介入を通じて，農村や都市における食糧確保の改善に重点的に取り組むべきである．
- 貧困者の保健状況と死亡率は，環境上の脅威にさらされることによって直接影響を受ける．貧困者はしばしば都市のスラム地域や，不毛の僻地の村に居住している．そこでは，貧困者は安全な水や衛生設備へのアクセスが限られており，屋内外で大気汚染にもさらされている．こうした環境条件は，貧困

者の病気や死亡の主要な原因となっている．このような保健状況悪化の基本的な原因への対策が，開発政策の中に統合されるべきである．

Ⅳ 政府主導の戦略枠組みを通じての活動

貧困者に利益をもたらす適切な保健の改善を達成するため，保健関連のミレニアム開発目標に向けた活動を支援するには，開発途上国との長期にわたる協力関係を必要とする．そのような協力は，通常，特定の政策やプログラムに優先順位をつける国内的な政策枠組みを越えて，広い合意の下で展開されるべきである．

- 開発途上国で開発され，堅持されている貧困削減戦略は，防貧保健アプローチの広範な輪郭を系統立てる際の中心的な枠組みとすべきである．各国の戦略は，保健改善と貧困削減との因果関係の明確な理解を示すはずであるし，貧困者の保健状況に影響を及ぼす主要な部門において，明確な保健目標を持つものである．このような貧困削減戦略は，貧困者の保健を増進させる他分野の政策と保健との関連を一層強めることになる．貧困削減戦略は各部門ごとでは範囲が狭く限られているため，より詳細な保健部門プログラムによって補足されなければならない．
- 保健部門のプログラムは，保健部門内で必要とされる支援を決定し，実施するために重要なだけでなく，貧困者の保健を改善する他部門からの政策介入との対話を展開するためにも重要である．保健プログラムは，外部からの支援への道を開くための国内の枠組みをも提供する．外部支援には，能力開発，大規模プロジェクト，保健部門の資金調達，全般的財政支援，借金救済，国際団体からの基金に基づく技術協力も含むであろう．個別の外部資金に基づく多くの活動は，多額の費用を要し，国内政策の優先順位を損なう可

能性があるが，それぞれの活動手段は短所と長所を併せ持つ．各国の異なる環境下での長所と短所のバランスが大きな課題となる．
- 保健部門全体のアプローチは注目に値する．なぜなら，このアプローチは相対的に新しく，「整合化」を強めることを目的としているからである．全部門アプローチでは，外部のパートナーは政府主導の保健プログラムに忠実であり，管理，施行，そして（程度の相違はあるが）財政にいたる共通の手順を通じて，プログラムの開発を支援する．全部門アプローチが適切である場合，外部パートナーは，開発途上国における地域参画の強化，説明責任，遂行能力を促進するように援助することができる．当該国における全部門アプローチ採用の決定は，政策や組織条件の慎重な評価に基づいてなされるべきである．この種のパートナーシップの前提としては，相互信頼，単一の開発機関への帰属性の軽減，共同説明責任と財政的・制度的リスク増加の受容がある．
- 開発途上国は保健制度の実施状況，保健状況への成果，そして，貧困予防の程度を測定すべきである．貧困削減戦略と保健部門プログラムへの支援の一環として，開発機関はデータの収集，監視，評価，さらに，統計的な分析を行う国内体制の強化を優先すべきである．なぜなら，多くの場合において，これらの制度は保健や貧困削減目標に向けての進歩を測定することができなかったからである．

V　政策統合の促進とグローバル公共財

　貧困者の保健問題は，一国内で収まらない．グローバル化する世界は，エイズの急速な広がりや生化学テロリズムの脅威に示されるように，保健への新たなリスクを提示している．また，同時に，グローバル化世界は疾病を予防し，治療し，抑制する機会も準備している．開発機関と開発途上国は，世界的に共

同して活動する方法を発展させるべきである．

- 一つには，世界各国の人々が恩恵に与ることができるような保健増進のためのグローバル公共財の開発を促進することである．このアプローチには，貧困者に最も影響を及ぼす疾病に焦点を当てた医療サービスの研究開発と同様に，国境を越えた感染症の蔓延を阻止する活動も含まれる．世界中の保健調査のための基金の10％未満のみが，世界中の医療費負担の90％を要する疾病に割かれている．貧困国や貧困者の問題には，10％よりさらに少ない額しか割かれていない．開発機関は，新しい薬品，新しいワクチン，そして貧困者の保健問題に焦点を当てた知識を生み出すために国際的な活動を促進する重要な役割を担っている．開発機関は，大きな財源を提供し，一貫した政策支援と国内における他の支援とを刺激することができる．このような国際的な活動には，OECD加盟国の保健調査予算における低所得国の疾病の重視，これらの疾病に関する調査のための基金や専門知識を生み出すための民間部門や市民社会とのパートナーシップ，問題となる疾病に対するOECD加盟国のインセンティブによる「希少薬（orphan drug）」の対象疾病への拡張の検討が含まれる．
- 加えて，各国間の商品やサービスの貿易，そして，多国間の貿易協定は，貧困者の保健にますます大きな影響を及ぼしている．特に重要性を持つのは，知的財産所有権（TRIPS）に関連する貿易を扱う協定，サービス貿易に関する一般協定（GATS），そして，危険物貿易に関する協定である．各国の開発機関は当該国政府がTRIPS協定と公衆衛生に関するドーハ宣言の施行状況を監視するように働きかけるべきである．そして，特許保護の下で貧困者の保健にとって重要な医薬品へのアクセスを改善するために，開発途上国が知的財産所有権に関する協定をどの程度活用できるかという視点を忘れてはならない．世界貿易機構審議会（WTRC）が検討している問題の一つは，独自の生産能力のない特定の国々は，強制的な免許制を効果的に利用する際に困

難をきたすことである.

 開発機関の国内プログラムへの支援ニーズに加えて,グローバル公共財のための基金創設のニーズは広範に及ぶ.全体的な外部支援の増加は,その支援の効果的利用の機会次第で決まる.また,外部支援の増加が貧困者の保健改善に貢献することの重要性と可能性に関しては,この本や他のレポートにおいて示された提案に向けて,OECD加盟国において公的,政治的支援をいかに動員できるかによって決まってくる.

第1章

貧困削減のための保健投資

概　要
　個人レベルでの本来的な価値を超えて，保健は人間の発達や貧困削減にとってきわめて重要な要素である．貧困者は依然として耐えられないような病気の重荷を背負い続けている．もし，貧困者の保健が改善されるべきものであれば，防貧保健アプローチが実施される必要があるし，開発機関もこれを支援すべきであろう．特に開発途上国との連携が難しい場合には，各国の社会背景によって支援の性格が決まっていくだろう．外国からの支援の実質的な増加と同様に，開発途上国のさらなる財源供与を求めつつ，保健への財源を拡大することが，優先されるべきである．さらに，ガバナンスと貧困重点政策を改善するために，開発途上国自身のより大きな努力と，援助効率の改善を目指した開発機関内の努力とが融合されることが必要である．

 **1 はじめに**

　保健は今やかつてないほど国際的な議論の的になっており，貧困者の保健への係わりも開発における中心的な課題となりつつある．世界中の国々が，民族や政治信条，経済的社会的情勢に係わらず持続可能な最高レベルの保健を享受することが，すべての人間にとって基本的権利の一つであることに同意している[1]．本来的な個人にとっての価値を超えて，保健の改善や保護は人間の発展や貧困削減にとってもきわめて重要な要素である．

　国連ミレニアム宣言から導かれた2000年の開発目標は，各国政府が2015年までに極端な貧困を半減させ，保健の改善を達成することに専念するよう導くことである[2]．8つのミレニアム目標のうち3つの目標が保健に関係するものであった．つまり，児童の死亡率を3分の2に削減させること，母親の死亡率を4分の3に削減すること，そして，エイズ，マラリア，結核の伝染を止めることを目標とした．

　8つの目標の他に，開発のための国際的なパートナーシップをさらに発展させるには，開発途上国に提供可能な必須の薬品を入手することが重要となる．それぞれの目標はそれ自体が貧困削減という全体の最終目標に貢献するが，大事なことは目標それぞれが相互に依存関係にあるという事実である．

 **2 貧困と保健**

　貧困者ほど健康状態が悪く，早く死んでいる．児童の死亡率や母親の死亡率は，貧困者において平均よりもかなり高い．また，貧困者は有病率もより高く，保健や社会保護へのアクセスも限られている．貧しい女性や少女にとっては，男女差別の厳しい弊害がある．貧困者にとっては，健康は決定的に重要な

経済的な資産である．貧困者の生活は，正に健康に依存している．貧困者や社会的弱者が病気になったり，怪我をしたら，家族全体が所得を喪失し，高い医療費支出を余儀なくされ，貧困の悪循環の罠に陥っていく．つまり，所得を得る機会がなくなり，病人の看護で子供は学校に行くこともできなくなり，近所の人たちに資産を売らなければならなくなるだろう．もともと保健にアクセスしにくく，社会保険からも除外されているような貧困者ほど，病気になりやすく，貧困の罠へ陥る傾向もより顕著である．

『貧困削減に関するDACガイドライン』は，貧困をその原因と適切な政策行動の広い枠組みの中に位置づけることで，実践的な定義づけを行っている．経済的な次元（所得，生計，見苦しくない労働），人間的な次元（保健，教育），政治的な次元（権限付与，諸権利，選挙），社会・文化的な次元（社会的地位，尊厳），保護的な次元（不確実，リスク，弱点）といった貧困の5つの中核的な次元が，人間の可能性を狭めている．これらすべての次元において，男女平等の促進と環境保護のための対策は，貧困の削減にとって重要な要素となる．土着民，少数民族，社会的に排除された集団，難民，流民，精神・身体障害者，エイズ患者等のような社会的なカテゴリーに属する人々の場合は，とりわけ貧困による影響が大きいことをDACガイドラインは強調する．多くの社会において，これらのカテゴリーの人々は貧民の中でも最貧民となっており，貧困削減のための政策には特別の配慮を要する．

男女差別は，貧困と病気の大きな決定要因の一つとなっている．貧しい女性や少女は家族の中で，また，社会の中で，彼女らの資産や社会的地位の面において暮らしぶりが劣悪である．男女の役割り分担に関する社会文化的信条が，この不平等をもたらしている．貧しい女性や少女は現金や財政制度，サービス，そして発言する権利といった保健資源へアクセスする手段について大きな不利益を被っているであろう．たとえば，高齢未亡人，身寄りのない女性，子供のみの世帯，ストリートチルドレン等の女性や子供のカテゴリーはとりわけ弱い立場にある．一方，女性は世帯の賄い人や介護者としての役割を通じて，

健康管理の主要な担い手でもある．しかし，貧しい女性や少女の保健状態は，周産期保健も含め栄養不良や加重労働によって被害を被り，さらに，基本的にそれらの女性たちへの保健の軽視があり，性的虐待や対人暴力に曝されること等によってさらに条件が悪化する．それらすべての要素が人間の発達に深刻な影響を及ぼし，人的資本の形成に悪影響を及ぼしている．したがって，男女平等のための活動は保健への防貧アプローチの重要な要素となる．

3 貧困者の保健投資の経済合理性

　保健への投資はかつて過小評価されていたが，今では経済開発のための非常に重要な手段として認識されるようになってきた．世界保健機関（WHO）の「マクロ経済学と保健に関する委員会」が示したように，開発途上国が貧困の連鎖から脱出しようとすれば，保健の実質的な改善が必要条件である[3]．保健は多くの経路を通じて開発に貢献する．それぞれの経路は部分的には重複しているが，それぞれの場面において全体的な効果にさらにプラスの効果を及ぼす．

- 労働生産性の向上
　健康な労働者は病気の労働者に比べ，より生産性が高く，より高い賃金を稼ぎ，欠勤数は少ない．これにより生産額は増え，職場の転職率は下がり，企業の収益率は向上し，農業の生産性も高まる．
- 国内外投資の増強
　労働生産性が高くなると，今度は投資へのインセンティブが高まる．さらに，エイズのような風土病や感染症が克服されれば，投資機会を拡大することによって，また，従業員の保健リスクを削減することによって，海外投資を奨励しやすくなる．

- 人的資本の改善

  健康な子供は，より高い認識能力を持つ．保健が改善されるほど，欠席や早期の退学は減少する．子供の学習成果は上がり，人的資本としても価値を高めることになる．

- 国民貯蓄率の向上

  健康な人々は，より多くの資産を貯蓄に振り向けることができる．長生きするほど，老後のための蓄えを増やすことができる．こうして形成された貯蓄資産が，今度は社会的な投資の原資となる．

- 人口構成の変化

  保健と教育の改善は，出生率や死亡率を低くすることに貢献する．多少のタイムラグを経て，出生率は死亡率より早く低下していく．人口はゆっくりと増加していき，扶養率（労働力人口に対する被扶養者の比率）は減少していく．人口構成の変化による利益分配が，低開発国の１人当たりの所得拡大の重要な源泉になることが示されてきた[4]．

これらのマクロ経済学上のインパクトに加えて，保健の改善は，世帯内は言うまでもないが，ミクロ経済行動において明確に示されているような世代間の波及効果を持つものである．より多くの子供を持つ傾向があり，１人の子どもの教育や保健に投資することの少ない貧困者にとって，人口構成の変化による利益分配の変化はとりわけ重要である．

教育や保健の改善が普及すると，家族の規模は小さくなっていく．子供たちは病気による知識や身体への悪影響を避けることが容易になり，学校により適応しやすくなる．こうした子供たちは，後の人生で障害や怪我を被ることが少なくなり，破局的な医療支出に直面することも少なくなり，潜在的な生計能力を発揮できるようになる．将来は，彼らは健康な大人になり，今度は自分の子供たちに保健や教育のためより大きな投資をできる財源を獲得していくのである．

 **4 防貧保健アプローチの定義**

　保健投資による広範な開発効果は，貧困者の保健改善への包括的なアプローチの重要性を示唆している．病気の主な原因に取り組む技術的な知識は既に存在するが，貧困者は依然として病気による過大な負担を負い続けている．もし，貧困者の保健が改善されるべきものであれば，以下のような主要な防貧アプローチの政策が行われるべきである．開発協力として優先すべきことが，この脈絡の中で明らかにされる．

防貧保健アプローチとは何か？

　防貧保健アプローチとは，貧困者の保健を促進し，保護し，改善することに優先権を与えるものである．このアプローチは公正な財政メカニズムを伴って，高品質の公衆衛生と個人的ケアサービスの供給を含むものであり，単なる保健領域を超えて，教育，栄養，水，衛生といった貧困者の健康へとりわけ大きな影響を及ぼしうる領域に関する諸政策を含むものである．最後に，防貧保健アプローチは，開発途上国における貧困者の保健に大きな影響力を持つ保健サービス，知的財産権，保健調査の資金供与についての貿易効果に関するグローバルな行動とも関連する．

　防貧保健アプローチは，次の4つの柱に基づいて構成されている．

- 保健制度

　保健制度は保健専門家やその支援機構（たとえば，薬剤調達制度）によって提供される促進的サービス，予防的サービス，治療的サービス，リハビリ（機能回復）的サービスから構成される．保健制度には，公共サービスのほかに私的なサービス（営利目的のものと営利目的でないもの）も含まれる．また，公

式（フォーマル）のものと非公式（インフォーマル）の制度もあり，伝統的なサービスから家族の介護サービスもある．多くの開発途上国では，保健制度は脆弱であり，断片的である．その結果，世界中で数百万の人々が，彼らが必要とする公衆衛生サービスや人的ケアへアクセスする手段を持っていない．保健制度が社会的弱者集団や特別なニーズを持つ集団にまで適用できるように，保健サービスの供給に際して，性，民族，社会経済的な偏見に関心を寄せることが大きな課題となる．

• 保健財政と広範な社会保護

保健財政と広範な社会保護の戦略は，貧困者や社会的弱者が保健サービスの費用によって一層貧しくなってしまうことのないよう保護するために必要となる．このためには，貧困者の社会保護を総括的に再検討するという意味において，リスクの分担，多様な補助，健康への悪影響からの保護を強化していくことが求められる．

• 保健部門を越えた主要な政策

とりわけ貧困者の保健は，所得，教育水準，食糧確保，環境条件，そして，水や衛生へのアクセス等を含め多くの要因によって規定される．経済政策，貿易政策，租税政策等も世帯収入や栄養状況を決定する重要な要因である．これらの要因は，性差別や民族差別や社会経済的な集団差別等によって，不平等や社会的疎外へ発展し，そのことが今度は保健状況に大きな影響を及ぼす．したがって，本来の目的は保健でなくても，良きにつけ悪しきにつけ結果として保健に影響を及ぼしうる政策や活動が，どのように保健に影響を及ぼしているか再評価することが必要になってくる．そして，プラスの影響を最適化し，マイナスの影響を除去あるいは削減させていく行動が要請されるであろう．国内の貧困削減戦略（PRS）は，保健部門以外の諸政策に防貧保健目標を結び付けていく重要な枠組みを提供するものである．

• 政策統合の促進とグローバル公共財

グローバル化している世界は，エイズの急速な拡大や生化学テロリズムの

脅威に示されているように，保健への新たなリスクを提示している．同時に，グローバル化している世界は，疾病の予防，治療，抑制する機会をも提供するものである．グローバル公共財，貿易や投資に関する多国間協定，環境条約のような国際的な活動は，防貧保健戦略を補うものでなければならない．

5 多様な国内情勢下での開発協力の役割

　開発機関が防貧保健アプローチを支援する方法は，開発途上国の特定の社会背景によって決められるものである．開発機関は開発途上国に起こりつつある多様な状況変化を考慮すべきであり，併せて，防貧保健政策に影響を及ぼしている経済的，社会的，政治的要素との関連についても考慮すべきである．OECD／DACの作成した『困難なパートナーシップ』の成果から適用された下記の開発途上国の広範な分類は，各国の社会背景がいかに開発機関の提案しうる支援類型に影響するかを示唆している．

- **援助のない依存国**

　この類型に属するのは中所得国であり，社会保障や私的保障制度，そして，保健サービスは既に確立されているか，確立されつつあるが，保健制度の不公正な施行と保健ニーズとのミスマッチが確認される国々である．中央集権主義から市場経済主義へ移行途上の国々もこれに含まれる．これらの国々には，私的制度がかなり充実していて多元的な保健制度を展開する国々もある．しかしながら，これらの国々はしばしば貧困や不平等の深刻な問題にも直面する．保健部門における開発協力は他の部門と同様に，財政規模の面で控えめであるが，新たなアプローチや革新を促進する点で，依然として重要である．その一つの事例が，保健財源を貧困者や弱者グループに振り向

けるための戦略の改善や能力強化の支援である．

- **貧困削減と社会部門の防貧戦略は比較的良好であるが，望まれる変化の遂行能力に限界がある低所得国**

　これらの国々には，保健制度の遂行に際して公正を志向し，社会部門の統治能力と責任能力の強化に寄与する政策環境と政府の熱意がある．各国はかなり高額の政府開発援助（ODA）を受け入れる．そのうち保健部門には，財政支援，保健部門計画，プロジェクト基金等の混合形態で提供される．援助の主要な領域としては，貧困対策の財政，人的資源，目標設定，社会保護における制度体系の改革への支援が含まれるであろうし，多様な実施主体と契約を結ぶこともあろう．また，市民社会や低所得市民を保健サービスの提供に関する相談，計画，管理，監視に巻き込んでいく自発的な活動への支援も含まれる．

- **貧困削減や社会部門の防貧戦略を発展させる熱意がないか，時期尚早で組織的な統治能力も不十分な低所得国**

　これらの国々の多くは，大規模で暴力的な紛争に巻き込まれていたり，そこからの回復途上にある．これらの中には国家能力が著しく損害を受けた国々もあれば，機能すべき組織が不在かそれに近い国家崩壊寸前の状況で（ましてや市場は機能していない），組織化された保健サービスの提供がほとんどない国々もある．統治能力が弱く，公衆衛生制度は崩壊している．貧困者は伝統的な薬剤に頼り，適切な質の高い医療にアクセスできないことが多い．

　適切な質の保健サービスの供給は，NGO が限られた地域において行っている．開発支援の領域では，適切な統治能力を持ち合った地方自治体や政府以外の実施主体（特に NGO であるがそれだけとは限らない）を含む組織によるサービス提供の多様なモデル化を試みる支援も含まれる．しかし，このような「並行的な構造」は，持続可能な制度的解決を実現するためにかなりのコストがかかることを認識することが重要である．開発機関は，利用者団体や市民社会による参加といった需要側のイニシャティブの強化を支援し，防貧保

健指標のための基本的な監視能力を向上させる支援もできる．また，水や衛生のような基本的なサービスを改善し，修復する方法を見出すことが重要である．開発機関にとっては，保健サービスが多かれ少なかれ行き届いていない地域においてさえも，予防接種や他の重要な基本的サービスの拡大を支援する機会がある．このことは紛争の真只中でも可能であろう．その場合，「平静の日々」と言われる一時的な停戦の間に，これらのサービス提供のために，市民社会は機能するのである．

- **政府の意思と責任能力が弱いが，開発協力のパートナーシップを改善する余地の大きい国々**

  これらの国々では，開発協力は，基本的にはプロジェクト支援を通じてなされる．並行的な供給構造にかなりの程度頼っているが，公的部門の供給と規則的な機能のための能力開発における支援にさらなる努力がなされよう．

6 防貧保健のための資源活性化

前述のように，貧困者の保健を改善することは経済成長や開発への投資を誘導し，貧困削減のためにも優先されるべきである．保健に割り当てられる財源の欠如は防貧保健政策の効果的な施行の妨げになるだけではなく，取り返しのつかない大きな問題となる．貧困者の基本的な保健ニーズを満たすことを目的とし，質量ともに最低限の保健サービスを供給するために必要なインフラ整備には，1人当たり30米ドルから40米ドルかかると見積もられている．(5) 2000年に，世界保健機構（WHO）はより包括的な保健制度のために1人当たり60米ドルが必要と算出した．(6) 開発の最も遅れた国々では，保健支出の平均は1人当たり年間11米ドルであったが，これは国際機関の指摘する数値と比較にならない額である．現行の保健支出は基本的なニーズに見合う最低限度にもはるかに及ばない額に落ち込んでおり，またその多くの支出は貧困者のためのもの

となっていない．ワクチンや薬剤を買うため，施設を建設して装備するため，十分な職員を確保するため，保健制度を運営するため等の資金がなかったなら，低所得国および中所得国の政府が貧困者の保健を改善することは不可能となろう．

- **財源拡大は ODA やグローバル保健活動（GHIs）を含め，公私両部門，国内外資源の組み合わせで構想すべきである．**

　保健への政府支出の拡大は，ほとんどの国々において可能である．国家の保健予算は，保健や他の社会部門の予算規模によって，また，最貧集団の利益につながる諸活動への予算配分の比率によって，貧困状況や保健問題の緊急性を反映している．多重債務貧困国（HIPC）の要請に応じて債務救済された財源相当分を保健に廻すことを含め，多くの国々は，初期保健サービスへの予算配分を増やすことを目指している．だが，多くの開発途上国は，初期保健サービスや地域の病院サービスを犠牲にして，高度サービスにかなり有利な予算配分をしている．開発機関は貧困者や社会的弱者を利する予算配分を奨励するよう建設的な対話をすべきである．しかし，ほとんどの場合，このような方法で譲渡された財源は保健ニーズに対してかなり制限されている．最貧国は海外からの相当な財源なしには，防貧保健目標を果たすための十分な財源を確保することはできない状況のままである．

　2国間あるいは多国間の経路を通じて DAC 加盟国から保健に委託された援助合計額は，1999—2001 年では平均で年間 37 億米ドルに近い水準であった．表1で示されるとおり，近年全 ODA の中で保健への援助の比率は 10％の水準にとどまっている．現在の配分は，保健部門で想定される財源需要をはるかに下回っている．

- **開発機関は，防貧保健目標を支援するための予算を準備する傾向にある．**

　それは，以下のような場合である．①貧困削減戦略とそれに密接にかかわる保健プログラムを明確に施行する政治的意思が開発途上国側にある場合，

②国内の財源を活用する真剣な努力が行われている場合，③財源をより効果的に管理する能力がある場合，④主な市民社会の利害関係者が計画，管理，サービス供給に参加する機会を有する場合．ここでは，追加的な国内財源を調達する機会の乏しい「困難なパートナーシップ」とは異なる状況が議論された．

 7　開発協力の有効性の改善

開発機関は防貧保健目標を支援する能力をいかに高め，開発協力の効率を制限している障害をいかに克服するか考察すべきである．そこでは，次の点が特に強調されるだろう．

- **施行能力強化とガバナンスの拡大**

  効果的な国民保健制度の支援者は，各国が保健政策や保健計画を設計し，施行するために，より多くの責任を持つことに批判的である．施行能力強化は保健部門を越えていなければならない．そのためには，政治的・経済的再編成，財政政策，行政改革，参加と民主主義システムの強化といった広い脈絡の中で防貧保健アプローチを捉えることが求められる．保健や貧困削減への投資を持続可能にするために，ODAはこれらすべての領域で触媒的な役割を果たすべきであろう．

- **政策対話が開発協力の統合要因となる**

  政策対話は財源の直接的な移転を含むものではないが，共有化された目標をめぐってより強いパートナーシップを構築し，防貧保健の目標を政治の最優先課題に引きあげるために重要な要素である．保健部門の成果を改善するには複数部門のアプローチが必要となる．防貧保健目標のマクロ経済学の側面，そして，部門を超えた含意を考慮しつつ，保健省だけでなく他の省庁

表1. 保健部門へのODA（援助合計に対する年間平均比率）1996—2001年

	100万米ドル		対贈与合計の比率(%)		保健／ODAの比率(%)	
	1996-98	1999-01	1996-98	1999-01	1996-98	1999-01
オーストラリア	83	124	11	17	2	3
オーストリア	23	55	11	21	1	2
ベルギー	56	66	19	19	2	2
カナダ	36	69	6	13	1	2
デンマーク	90	56	13	10	3	2
フィンランド	13	17	8	11	0	0
フランス	100	59	5	5	3	2
ドイツ	163	125	7	5	5	3
イタリア	26	38	10	12	1	1
日本	242	152	2	2	7	4
オランダ	140	145	11	13	4	4
ノルウェー	42	92	10	13	1	3
ポルトガル	--	7	--	5	--	0
スペイン	117	92	22	13	4	3
スウェーデン	73	73	10	13	2	2
スイス	30	34	9	8	1	1
イギリス	233	500	16	21	7	14
アメリカ	733	1,108	25	18	22	30
DAC国合計	**2,201**	**2,817**	**9**	**11**	**66**	**77**
アフリカ諸国	59	66	11	9	2	2
アジア諸国	45	75	3	7	1	2
EC	83	162	8	9	3	4
国際開発協会IDA	893	529	16	9	27	14
米大陸間開発銀行	42	16	8	5	1	1
多国間合計	**1,122**	**848**	**12**	**9**	**34**	**23**
総　計	**3,323**	**3,665**	**10**	**10**	**100**	**100**

［注］保健へのODAには周産期保健も含む．ギリシャ，ルクセンブルク，ニュージーランドはOECD債務者報告制度（CRS）に報告なし．アイルランドは2000年のみ報告．DAC年次統計では1999—2001年平均で，ギリシャでは400万米ドル（合計の6％），ルクセンブルクでは1,100万米ドル（24％），ニュージーランドでは400万米ドル（7％），アイルランドでは2,200万米ドル（21％）となっている．DAC加盟国の2カ国間ODAの約65〜70％が部門別に配分されている．構造調整，貿易収支援助，債務関連，緊急支援等の部門ごとに配分できない拠出金は，開発機関のプログラムを分野ごとに鮮明に反映させるために分母から除外されている．

　WHOやUNICEFのような国連機関のための2国間支援や継続性のない支援は，OECD統計から除外されている．マクロエコノミクスと保健委員会（CMH）のために準備された推計では，保健への開発支援は，非営利基金を含み，1990年代後半では年間67億米ドルに達する．WHO（2001）を見よ．

［資料］OECD

（まず，水，衛生，栄養，輸送，エネルギーを扱う諸省庁）にまで政策対話は拡大されるべきである．

- **「整合化」の重要性**

    2000年開発目標や防貧保健目標のために財源を調達し，集中させるためには「整合化」が重要になってくる．政府によって先導される外部パートナーの「整合化」は，開発協力プログラムの有効性を拡大する．なぜなら，「整合化」は少なからず，開発機関が貧困削減戦略や保健部門計画における特定の目的を支援するプログラムを強化し，補足する役割を果たすからである．

- **プログラム支援は部門全体の問題に取り組む際にとりわけ有効である**

    プログラム支援は部門全体の問題に取り組む際に，また，防貧保健に求められる包括的な部門間の計画を実施する際に，とりわけ有効である．しかし，それは防貧保健と透明な財務管理，報告制度に対する強い意思を持つ開発途上国に限られることである．この意味では，開発機関の手順の「調和化」は，業務コストを引き下げ，複数の多様な要請に応えねばならない各国の負担軽減に役立つ．これ以外の国々では，開発機関は国内状況に適合した援助手段の組み合わせによって行動しなければならない．

- **監視と評価**

    開発機関から長期にわたる信頼を獲得し，追加的な財源を確保するためには，保健制度の実施状況，保健上の成果，また，当該政策の防貧としての効果について監視することが特に重視されるべきである．

> 注記

(1) WHOの根拠法（1948年）
(2) 第4章の保健関連の2000年開発目標に関する表2を見よ．その他の目標は極貧と飢餓の根絶，普遍的な初等教育の達成，男女平等の促進，女性のエンパワーメント，環境維持の保障である．
(3) WHO (2001), *Microeconomics and Health : Investing in Health for Economic*

Development, Report of the Commission on Macroeconomics and Health, WHO, Geneva.
（4）しかし，エイズの比率の高い低所得国や中所得国は労働年齢での死亡率が高い．このことは扶養率を高め，成長率を引き下げる．これと対照的に高所得国では，出生率がさらに低下する余地は少ないし，退職者が増える．したがって，扶養率は高まる．次を参照.
Birdsall, N., A. C. Kelley and S. Sinding (eds.) (2001), *Population Matters : Demographic Change, Economic Growth, and Poverty in the Developing World*, Oxford University Press, New York.
（5）この数値には家族計画や第3次病院や緊急病院のような重要な要素を含んでいない．これらは手術を行える保健制度の一部としても必要不可欠である．前掲 WHO（2001）を見よ.
（6）WHO (2000), *The World Health Report 2000 : Health Systems : Improving Performance*, WHO, Geneva.

第2章

防貧保健制度の支援

概　要

　開発途上国とのパートナーシップの下で，開発機関は，貧困者や低所得者が利用しやすく，良質な公衆衛生プログラムや個人的な保健サービスを提供する保健制度の開発に専念している．この目標は，次の4つの補定的な方法で達成できるであろう．

　第一に，防貧保健政策の立案と施行を改善するために保健部門を統括する政府の能力を強化することである．第二に，最も貧しい人々や最も弱い人々のニーズにより良く応えつつ，場合によっては彼らの参加を促進することを通じて，貧困者に焦点を当てた保健制度を強化することである．第三に，公的部門，民間営利・非営利部門に対し，より効果的な役割を果たすように，国内の多元的な保健制度の管理を援助することである．これらすべての部門が，利用しやすさとサービスの質を向上させる役割を担っている．最後に，前払い制度や共同出資保険制度に基づいた，より公正な保健財政の仕組みへの移行を支援することである．

1 はじめに

　保健制度とは，保健職員や関連する支援構造（たとえば，薬品調達制度）によって提供される健康促進，病気の予防，治療およびリハビリテーションサービス等から構成されている．また，保健制度には，公的サービス，民間営利や非営利（NGO，宗教を基盤とした団体等）のサービス，フォーマルおよびインフォーマルなサービス，また伝統的な保健ケアや在宅・家族ケアまでが含まれる．さらに，医学研究や医療開発といった関連する活動も保健制度の範疇に含まれる．

　多くの開発途上国では，保健サービスはしばしば非効率であり，結果として，世界中で何億人もの貧困者が，必要とする公衆衛生や個人的な保健ケアを利用することができない状況にある．効果的で支払い可能な保健サービスの利用機会を人々に保障することは，彼らに生活向上の機会を与えるために重要であるばかりでなく，病気から貧困に陥る悪循環を予防するための社会的保護の必要不可欠な手段でもある．

　図1に示すように，保健に対する現在のODAの配分は，基本的な保健ケアから医療サービス，訓練，研究に至るまで保健制度の全側面に及んでいる．2国間および多国間の開発援助も，概してほぼ同じ項目に重点をおいている．しかし，例外として，保健政策および運営管理に対する援助の領域では，図の外側の全ODAでは極端に高い財源を占めていることが2国間ODAとかなり異なっている．

2 保健部門の管理

　開発途上国政府，特に保健省は，保健部門の政策実施状況や，それが貧困対策として果たした成果に関して責任を負う．多くの国々では，保健ケアの供給

第 2 章　防貧保健制度の支援

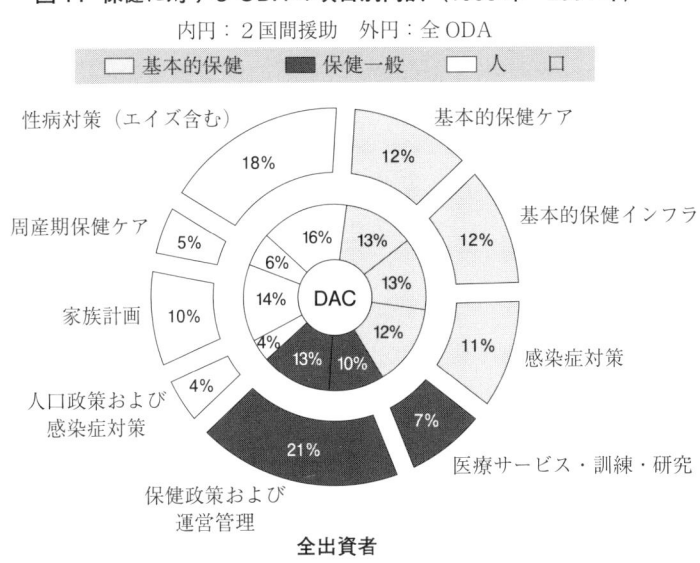

図 1．保健に対する ODA の項目別内訳（1999 年—2001 年）

内円：2 国間援助　　外円：全 ODA

☐ 基本的保健　　■ 保健一般　　☐ 人　口

性病対策（エイズ含む）　18%
基本的保健ケア　12%
基本的保健インフラ　12%
感染症対策　11%
医療サービス・訓練・研究　7%
保健政策および運営管理　21%
人口政策および感染症対策　4%
家族計画　10%
周産期保健ケア　5%

内円（DAC）：16%、13%、13%、12%、10%、13%、4%、14%、6%

全出資者

［資料］OECD

における政府の役割が再定義されているところである．つまり，今や政府はサービス供給主体としての機能のみならず，政策立案者，管理者，購入者としての機能に今まで以上に重点が置かれている．

　効果的な保健部門の管理——保健政策および保健戦略を方向付け，監督し，実施すること——は，防貧保健制度にとって最も重要な点である．そのため，公・私の団体間，あるいは，中央政府・地方政府・自治体間にかかわらず，それぞれの関係を支持し，意思疎通し，管理する明確な仕組が求められる．

　一つの重要な要素は，資源配分の効率性と公平性を改善し，保健制度の施行，特に貧困者のための保健制度の施行を改善するために，支出の詳細な追跡調査と制度からの漏出を削減させることである．そのためには，全国保健会計や公的支出の追跡調査などの手段を広く活用することが求められる．

　開発途上国政府の強力な統治能力は，保健政策，保健サービス，保健財政の貧困対策としての機能を改善するための十分条件ではないにしても，必要条件

となる.しかしながら,多くの開発途上国では,これら複数の機能を実行に移す能力に限界があり,管理は脆弱である.さらに,こうした機能の有効性は,それらが実施される環境次第で決まり,1人当たりの所得,貧困と不平等の程度,政治的な合法性,紛争によって生じる不安定性などの一連の要素が大きな影響力を持ちうる.他の省庁(財務省,行政改革や運営管理を司る省庁など)との協力や調整の程度もまた,重大な決定要素である.最後に,良いガヴァナンスの原則――透明性,説明責任,参加,法律の規定,公正――が,どの程度これらの機能の実施を導くかは,考慮を要するもう一つ別の重要な点である.

開発機関が政治的・制度的な要素の影響を考慮に入れるなら,開発途上国の能力を高めるために重要な役割を果たすことができる.不完全な政府,弱い法規制,汚職,過去の(あるいは継続する)紛争を伴った最も抑圧された国々では,これらの機能のいずれかを果たす能力はさらに限定されるであろう.こうした国々では,貧困者の緊急保健ニーズは特別な戦略(後述3の(1)参照)により満たされるべきである.他方,教育や職業訓練,管理の強化を通して,特に下部組織から分権的な管理において保健省の能力を高める対策が軽視されてはならない.

(1) 保健部門における政策立案

開発途上国における保健政策は,複雑な政治的,経済的環境の下で策定される.保健政策が防貧保健目的に明確に焦点を当て,貧困者を含め政府と市民社会を越えた広範な利害関係者との協議において策定されることを保障するため,開発機関は後援者としての役割を果たすことができる.すべての保健主体(NGO,地域住民組織,民間営利部門を含む)が貧困者のための保健状態の改善において果たさなければならない役割を,保健政策は明確に示さなければならない.さらに,開発途上国の計画官庁と保健省および開発機関は,貧困を削減し広範な開発目標を達成するために,保健がきわめて重要であることが政府中枢でも認識されるように,また,この目標が貧困削減戦略に反映されることを保

障するように，一致した行動をとるべきである．

（2）政府の規制的役割

　開発機関は，開発途上国における保健サービスの供給への公・私部門の参加の理想的な組み合わせに関して，多様な見通しを持っている．その見通しは，しばしば本国における保健制度の公私連携に由来している．それにもかかわらず，政府のサービスを拡大する能力に限りがあることに加えて，開発途上国において貧困者が民間保健サービスを広範囲に利用している現実を見ると，サービス供給主体にかかわらず，いかに公的部門の充実を図るかがますます強調されることになろう．

　支払い不可能なほどに高額の保健ケア費用から貧困者を保護する一方で，公・私部門やNGO部門において保健サービスの全般的ガバナンス，供給，そして質の改善を目的にした規制的な役割が，公的部門が優先的に果たすべき最も重要なものである．

　規制は，保健部門の範囲を超えた政府の積極的な役割の一つとみなされるべきであるにもかかわらず，多くの国々では否定的に解釈され，賄賂の温床と結びついてきた．しかしながら，規制は予想以上の効果をもたらし，職業資格，保健職員の監督，そして，薬品の品質や入手しやすさまでを含んだ保健政策施行のためのガイドラインとなりうる．保健サービス提供者のための基準の設定，適切な質のケアの保障は，特に貧困者の保健サービス受容に相当な影響を及ぼすだろう．しかし，多くの開発途上国では，計画（多くの活動が規制や政策に適した構造に欠けている）と施行（規制は強制されていない）の両面において，規制は一般的に脆弱である．

　営利・非営利を問わず非政府の保健主体とのパートナーシップを発展させ，適切に規制することによって，政府は防貧保健目的の事業推進を支援することができる．そうすることで，民間供給が公的供給を補足し，国家の優先事項の達成を助けるようにしていかなければならない．この目標は，貧困者がインフ

ォーマルな民間部門を含め，民間部門サービスをどのように利用しているかについて，より深く理解するよう求めている．しかし，政府がこのような規制を計画，実施する能力に欠ける場合は，開発機関が短期的な保健サービスの供給を向上させ，政府の規制能力全般を高める長期的戦略の開発を支援する方法で，援助を提供しなければならない．

（3）サービス購買者としての政府の役割

　政府の供給能力に限りがあるため，保健サービスを購入する政府の役割にますます関心が寄せられるようになってきた．つまり，特定，もしくは，不特定の保健領域でのサービス提供者への，支払い者としての政府の役割が問題となるのである．近年，いくつかの公的保健制度において，購入時における政府の積極的な役割が見られるようになった（本章4を参照）．もし，契約や監視に関する防貧基準があるならば，民間部門，とりわけNGOや宗教団体からのサービスの購入は，現在はあまりサービスの行き届かない貧困者や弱者に対する供給内容を向上しうるだろう．

（4）サービス供給者としての政府の役割

　政府が直接保健サービスを供給する際に，防貧保健という目的を達成するには多くの困難に直面する．自ら供給するサービスが貧困者の要求に敏感に対応し，弱者により効果的に提供され，彼らの保健を増進するように機能するための改善策に焦点を当てなければならないからである．

　薬品の供給，調達，事務管理手続きの改善，国と地方の情報管理制度のレベルアップ，また，サービスの質を向上させる品質保証方法の利用のように他の多くの複雑な問題は，未解決のまま残されている．このことが，管理的・技術的能力の向上に向けたさらなる支援の正当な根拠となる．サービス供給の質に関しては，保健医療専門職の有用性や技能が重要な決定要因となるため，以下では人的資源戦略についてさらに検討していこう．

第2章　防貧保健制度の支援

人的資源戦略に焦点を当てる

　開発途上国では，主要な保健専門職員の不足や，監督を受けていない職員の存在，高い離職率，インフォーマルな現金払いで補足される安い給料など，また，時には公・私部門の雇用間の利害対立といった問題に直面することが多い．多くの国々では，保健職員自身が貧しいため，やる気のない労働者として低質のサービスを提供する原因となっている．そのため，労働者の大半は十分な知識等を得ておらず，彼らが直面する保健業務上の困難に対応できるよう援助されていない．

　効果的な人的資源政策の開発に対し，保健省は多くの障害に直面している．不十分，もしくは硬直した行政サービス政策もその障害の一つに含まれるが，具体的には以下のような障害がある．まず，職員の賃金が未払い状態にあること，賃金が支払われても，たまに出勤するだけ，もしくはまったく出勤しない「幽霊職員」であること．また，保健部門で職員を訓練し，配置するための予算と自立性が限られていること．さらに，海外や国内の民間部門でより高賃金の仕事へ転職し，職員が欠員となること，労働者の配分が地域的に不均衡であること，疾病の影響やエイズによる早死もあげられる．

　開発機関は，保健部門や広範な行政サービスの改革に人的資源戦略を重視して統合させていくために，大きな役割を果たすことができる．その支援方法には，以下のような開発途上国の努力への援助が含まれる．

- 職員と職能の組合せの検討は，拡張したサービスを効果的に供給するために必要である．たとえば，医師の数を増やすより，看護師や助産師，訓練された医療補助者の数を増やしたり，彼らの職務や責任を見直す方が，より適切であるかもしれない．
- 治療に重点を置いたサービス本位のカリキュラムから，予防的な観点を重視する科学も含んだ，より総合的なアプローチへと新しい職業再訓練を展開する．

- 保健従事者の適切な報酬,見苦しくない宿泊施設,暴力からの保護,個人の安全確保（特に女性職員）,実習制度,支援的な監督を含んだ有償・無償のインセンティブを提供すること.それには,より広範な行政サービスの改革が求められるであろう.
- 貧困者の多数が居住し,入手できるサービスが質量ともに不適切である辺境の職員不足地域に,保健職員,特に女性職員をひきつけるような就業機会,報酬,労働条件の改善を行うこと$^{(1)}$.この戦略では,職員の配置や動機づけが性別によって影響を受けることに留意しなければならない.
- 保健サービス職員が受ける職業訓練や教育プログラムにおいて,情報および通信技術の利用を改善し,拡大させること.このことは,レベルの低い職業訓練,限られた実習教育,最新の情報や技術に接する機会の欠如といった諸問題に取り組む際の一助となろう.また,これにより,保健施設に強要されるデータ収集の重責を軽減することもできよう$^{(2)}$.

要するに,開発機関は,保健部門における政府の能力を強化するための戦略的アプローチをとり,政府が政策立案者,管理者,購買者およびサービス供給者としての多様な機能を果たせるようにすべきである.そのためには,職業訓練,一般的な公的教育,組織の二層化,技術移転,変化に柔軟な環境の創造,職員間および組織とサービス間の意思疎通の改善等を組み合せていくことが求められよう$^{(3)}$.

3 保健サービスの供給強化

(1) 貧困者の保健ニーズへの優先権

伝染性疾患と非伝染性疾患の負担

低所得国一般や中所得国の貧困者の間で多く見られる伝染性疾患（特に劣悪

な環境問題や妊娠中・出産前の問題，栄養上の問題に関連した伝染性疾患）は，多くの病気の原因となっている．また，急性の呼吸器感染，下痢，マラリア，はしかは，児童期の死亡率，罹患率の主要原因となっている．さらに，毎年約100万人はマラリアが原因で，約200万人は結核が原因で死亡している．エイズが増加し，サハラ周辺のアフリカとアジアにかけて早死の原因となっている（コラム1参照）．

　大気汚染，心理的社会的問題が原因となって生じる糖尿病，心臓疾患，呼吸器障害や，路上の交通事故や対人暴力による怪我（第3章参照）などの非伝染性疾患も，貧困者の保健に多大な影響を及ぼしている(4)．タバコ関連疾患は，貧困と緊密に関連がある．開発途上国では，習慣的な喫煙がタバコ関連の疾病の原因となり，2030年までに毎年700万人を死亡させるだろうと推定されている．このうち，50％はアジア地域である（コラム2参照）(5)．より多くの開発途上国が人口構成の転換を経験するに従い，非伝染性疾患はその重要性を増し，多くの国々は伝染性疾患と非伝染性疾患双方の罹患率が高まる二重の重荷にあえいでいる．

周産期保健の挑戦

　周産期保健が貧弱であり，性感染症や家族計画サービスへのアクセスが限られているため，貧しい女性は相当大きな疾病の重荷を負わされている．出産期死亡率や罹患率の低下は最も重要な課題の一つであり，ミレニアム開発目標では2015年までに出産期死亡率を4分の3にまで削減する政策をとっている．

　平均して，毎分1人の女性が，妊娠中や出産時の合併症で死亡している．子どもの死亡率同様，妊婦の死亡率も，貧困や性差別，利用可能な保健サービスの欠如の影響を受けていることを示している(6)．毎年約58万5千人いる妊娠中や出産時における死亡者数の99％以上は，開発途上国で亡くなっており，そのうち90％はアフリカのサハラ周辺に属している(7)．これらのうち，少なくとも13％は，毎年4,600万件行われる中絶と関係がある(8)．死亡の危険性が高いこ

コラム1

エイズ：進展する問題

　エイズは，保健領域でかつて達成した成果を脅かすのみならず，世界中で既に2,500万人の死因となっている．現在ウイルス感染している4,200万人中，2,940万人はアフリカのサハラ周辺にいて，エイズ関連の症状から早死する可能性が高い．

　エイズは，通常，稼働年齢や出産年齢の成人が感染する．エイズは世帯の貧困化に影響し，貧困に近い状態から貧困に落とし入れ，最も貧しい集団にとっては致命的となる．そして，貧困と男女不平等により，人々はますます感染に対して脆弱になる．[1)]

　エイズ感染の脅威は，最も影響を受けた国々において，保健サービスへのかつてない需要増をもたらした．同時に，増大した需要に対応する保健職員の能力を摩滅させた．しかし，効率的な保健サービスは，疾病に対する効果的な対応の基本である．エイズの拡大と影響を軽減する主要な保健部門の介入には，次のものがある．より的確な性感染症の診断と治療，自発的なカウンセリングや検査，偶発的な感染のための治療の機会，母子感染軽減のための介入，コンドーム利用の機会，改善された在宅ケアとカウンセリング，および抗レトロウィルス性（Retroviral）セラピー（ART）利用の機会である．

　NGO，営利団体や大企業は，特に都市において，抗レトロウィルス性セラピーの実施を拡大しており，大半の低所得国の公的保健制度が，その能力を十分に持たないこととは対照的である．低所得国で，抗レトロウィルス性セラピーが広範に利用されるようになるまでは，インフラや人的資源，また薬品を途絶えることなく供給する能力の改善が求められるだろう．エイズ予防プログラムの効果を高めるためには，抗レトロウィルス性セラピーの複雑性を軽減する研究成果と，より効果的なケアがなされることが大いに期待されている．

　しかしながら，否定的な事象が起こる可能性の大きさについては，議論が継続している．開発機関と開発途上国の政府は，以下のような事項に関心を寄せなければならない．それは，感染結果が軽視され，より安全な性に関す

るメッセージが無視される危険性や，広範に広がっている薬物抵抗の脅威，エイズ予防プログラムや他の重要な保健介入の資源の削減なしに，抗レトロウィルス性セラピーに財源をどの程度配分できるかといった事項である．財政面では，抗レトロウィルス性セラピーがうまく運営されるように考慮しつつ，海外援助への需要と，利用できる限られた財源の配分とを区別することが重要である．

　抗レトロウィルス性セラピーの利用経験の多くは，財源豊富な工業国で得られたものであるから，開発機関は特定の調査活動を支援することにより重要な役割を果たすことができるだろう．その内容は，財源の限られた状況下に適した臨床検査に限らず，治療を行い，監視するための保健制度の能力や，抗レトロウィルス性セラピー利用の機会が性行動に与える影響にまで及ぶであろう[2]．

　さらに，保健部門以外での行動も重要であり，エイズ予防に大きな影響を持ちうるだろう．財務，文部科学，農林水産，青少年および総務に関わる諸省は，他の省庁の中でもエイズ対策の開発と実行に関与すべきである．また，エイズ予防は貧困削減戦略において重要なものとして特徴づけられるべきである．

---

1) ブルキナファソ，ルワンダ，ウガンダの研究では，エイズは極貧状態にある人口割合を増加させるとし，2000年の45％から2015年の51％への増加を試算している．
2) WHO (2002), *Scaling Up Anti-Retroviral Therapy in Resource-Limited Settings : A Public Health Approach*. WHO, Geneva.

コラム2

タバコ，アルコール，薬物の乱用：貧困と病気の予防可能な原因

　タバコやアルコール，薬物の乱用は，予防可能ではあるものの広範囲に広がり，死亡や障害の原因となっている．毎年，世界中で約400万の人々がタバコ関連疾患が原因で死亡している．そのうちの半数は，開発途上国の人々である．

　開発途上国には9億の喫煙者がおり，世界のタバコ消費量の70%を占めている．貧しい家族が食糧よりも依存的にタバコを買う場合，タバコは低所得の国々の貧困と栄養不良に深刻な影響を及ぼす．教育をあまり受けていない低所得の男性の間でタバコ消費量が多いことは，貧困と密接に関係し，彼らが深刻な病気や早死する危険性を実質的に高めている．

　喫煙者に禁煙させ，未喫煙者に喫煙を始めないように支援する政策は，貧困者の健康と福祉を改善する国家的，国際的努力の重要な部分を占める．開発機関は，政策変更を支援するために，政策対話や技術的，財政的協力を活用すべきである．最も重要なことは，タバコ税の値上げ[1]，タバコの広告や販売促進の禁止（これが受け入れられない場合は，厳しい規制），ニコチン代用品セラピーの利用拡大，また間接喫煙に対する規制である．すべてのDAC加盟国では，程度の違いはあれ，これらの政策はすでに実施過程にある．

　アルコール関連疾患は，毎年世界人口の5～10%に影響しており，飲酒は，世界で第4番目の障害の要因となっている．アルコール消費は，多くの開発途上国やアフリカのサハラ周辺で増加しており，怪我による死亡の主な原因となっている[2]．薬物乱用もまた，病気と社会問題の主な原因の一つである．アルコールや麻酔薬購入のために希少な財源を割くことで，健康状態への直接的影響のみならず，家計の安定や貧困のリスク拡大に重大な影響を及ぼしている．

1) 増税による価格の10%上昇ごとに，タバコ消費は5～8%低下すると研究は示している．その中で，より貧しい国々や人々は，低下率が低い層に位置している．タバコの密輸入はこの影響を緩和するが，増税は消費量低下に相当の効果を維持する．
2) Murray, C. J. L. and A. D. Lopez (1996), *The global burden of disease*, Cambridge, MA: Harvard University Press. Reproduced in "Deaths among men, attributable to and averted by alcohol, 1990", *British Medical Journal (BMJ)* 2002;325:964.

とに加え，現在約3億人の女性が，妊娠に由来する疾病や後遺障害を持って生活している[9]．これらのうち1,500万から2,000万人が深刻な労働不能の障害状態にある[10]．

　出産時に専門技術のある看護人に頼ることのできる女性の比率は，若干増加しつつある．しかし，一般的なプログラムは，妊娠中，出産時および出産後の基本的なケアのような最も費用対効果の高い政策に焦点を絞れないままでいる[11]．プログラムの成功は，特に，保健制度の有効性にかかっている．つまり，妊婦の死亡率を低下させるための保健サービス強化は，同時に妊婦が他の優先的な保健制度にアクセスすることも可能にするであろう．開発機関は，周産期保健サービスへのアクセスを改善する政策をさらに支援すべきである．その政策とは，具体的には，妊娠中のケア，陣痛や分娩時の技術的ケア，さらに地区病院での緊急産科医療へのアクセスを改善し，増進させる保健制度である．

　カイロ会議以後の見通しでは[12]，周産期保健は領域を横断する問題の一つであり，エイズ対策や女性の権限強化戦略を含んだ一連の包括的なプログラムを統合している．家族計画（避妊サービスへの需要はまったく手付かずのままである）を含め，良質で，包括的で，機敏に供給されるサービスへのアクセスは，性別に関わらず，自らの生活を設計し，自らの子どもの教育や保健に適切な「投資」をする能力の形成に不可欠である．

　公的な機関が関与する場合は，地域の習慣，伝統的なしきたりや女性の社会的地位に関する理解に基づかなければならない．思春期の妊娠や健全な性の在り方については，もっと重視されなければならない．特に，結婚年齢や初産年齢の低い国では，その年齢を高める戦略と同時に公的関与がなされなければならない．そのためには，女性の権限強化と女性教育に関連した広範な活動が求められる[13]．

貧困者の保健ニーズを重視したプログラムの拡大

　保健活動はこれらの保健問題に限定されるべきではない．貧困者の保健ニー

ズの優先性に焦点を合わせたプログラムを拡大し、貧困者や社会的弱者へ適用されるよう保障するため、さらに効果的な目標を立てるべきであろう。以下に示すように、より効果的に目標付けされた拡大プログラムは、低所得者グループの保健を画期的に改善し、病気から貧困化するリスクを低下させるであろう。開発機関は、以下のような支援を提供すべきである。

- 政策の優先順位の設定、保健サービスの活用パターンの理解力向上、良質の保健サービス利用の阻害要因の確定を援助するため、疫学調査を通じて、疾病の全国的、地域的な類型を決定する。
- 貧困者の視点を考慮し、彼らの諸問題に取り組む活動に密接に関係するものから優先順位を設定する。
- 調査や貧困者の積極的な参加を通じて、「貧困者の声」を聴く方法を見出すことは、重要な支援方法の一つである。他に、地域の管理者を調査の設計や分析、さらに、作成された行動計画の進展と監視に巻き込んでいく方法もある。プログラムを上手に実行し、地域が保健サービスの責任を担おうとするならば、このようなアプローチは不可欠である。

グローバル保健活動（GHIs）（WHOの予防接種やマラリア撃退に関する拡大プログラムやワクチンと予防接種に関する世界同盟（GAVI）など）は、近年、特に貧困者の疾病抑制の改善に着手してきた。これらのプログラムは疾病率を低下させてきた。さらに、いくつかのグローバル保健活動（ワクチンと予防接種のための世界同盟（GAVI）やエイズ・結核・マラリアと戦うグローバル基金（GFATM）など）は、目標とされたプログラムのために、民間部門から追加的財源を生み出した[14]。

しかし、グローバル保健活動の長期的効果に関する証拠は、あまり明瞭ではない。もし、長期的視野に立ち、持続可能性をより強調し、全国制度の構築に貢献するならば、これらの機関は貧困者の保健改善に大きく貢献するだろう。また、優先すべき施策の選定、整合化、蓄積された財源に関連した諸問題にも取り組まなければならない。

> コラム3
>
> **防貧保健制度における情報通信技術の役割**
>
> 　防貧保健制度は，改善され，拡大された情報通信技術の活用により，いくつかの領域で利益を得る．たとえば，保健教育，訪問ケアの実施補助，他の有用な実践を学ぶ目的での知識の共有，特に地域医療施設や大学病院における診断，また国際的目標に適合した進展に見合うような意思決定と運営の監視や統計等である．技術開発と能力開発における公私のパートナーシップのために，この分野はまさに理想的である．

パートナーシップが困難な場合のサービス提供

　開発途上国の中には，効果的な保健の実施が，他の国々に比べて厳しく制約される国もある．しかし，保健政策のニーズは，より緊急性の高いことが多い．政府の統治能力が不十分であったり，近年紛争から立ち直ったばかりの国々では，子どもや出産時の母親の死亡率は他の低所得国の約2倍の高さである．人口比で看護師数が3分の1しかおらず，貧困人口は2倍の比率であることがその一因である．[15]このような国々では，特定疾患に関する垂直的なプログラムの選択的活用を通し，短期間にわずかな保健施策を実施することが精一杯かもしれない．

　このような状況下における垂直的なプログラムの利点は，制御や監視がしやすいマラリアや肺結核などの優先順位の高い疾病に対し，特定の技術的，財政的支援を提供できることにある．こうしたプログラムは，地元NGOとのパートナーシップに基づいて実施されるだろう．地元NGOは，あまり機能的でない公的制度を補足するため，一般医療サービスや特定プログラムに関して高い提供能力を持っていることもある．紛争国では，子どもの予防接種の実施のため戦いが延期される「平安の日々」が，数々の紛争間に交渉されてきたし，はしかやポリオなどの疾病の発生に対し顕著な効果があったと報告されている[16]．

この点は，さらに高い評価に値する．

　保健部門における能力開発の過程と継続に関する問題は，かなりの程度制約的な環境においては，ますます重要性を増す．貧困者の逼迫した保健ニーズに取り組む垂直的なプログラムのかたわらで，一般保健サービスの能力を強化，開発する対策が軽視されてはならない．これらの対策は，教育や訓練，管理強化，さらに，地域における参加意識の開発，保健職員の参加意識の開発といった長期的アプローチが求められる．統合的な保健サービス強化の利点は，垂直的アプローチと比較して，大規模で広範囲なため，効率性向上の余地が大きくなることにある．

（2）最も弱い集団への対応

　貧困者一般に焦点を当てることに留まらず，最も貧しく，最も弱い集団を把握する特別な方法を取ることも重要である．それには，最も弱い集団を識別し，より効果的な目標を設定した戦略を実施することが求められる．サービスや目標とされるプログラムが貧困者集団を魅了するのに十分高い質を持つ限り，実際に利用されるだろう（後述の（3）を見よ）．しかし，そのプログラムが効果的であっても，目標とする戦略が政治に左右されたり，その適用範囲が制約されることもありうる．サービスや目標とするプログラムは，多くの開発途上国に共通する資源配分の悪さを十分に補償することはできない．したがって，開発機関は，パートナーである開発途上国政府との対話を通して，貧しく弱い集団の利益となる予算配分を強力に推し進めるべきである．

弱者集団の識別

　最も弱い集団を識別するには，彼等の複雑さや性差別の次元をあまり把握できないような，所得を基礎とした貧困の定義のみでは不可能かもしれない．同様に，人々の貧困への陥り方や，貧困から脱出のし方，また，病気により貧困化していく過程を考慮することが重要である．そうした包括的な状況の把握の

ためには，世帯調査，全国指標，貧困プロフィールや参加型貧困アセスメントによる定期的なデータ収集が必要とされる．

目標化戦略の設計には，保健状態，保健サービス需要，弱者集団の保健サービス利用のパターンに関するデータが基本となる．最も弱い人々には，絶対的最貧民，原住民，移民，青少年，難民，スラム居住者などの社会的に排除された人々が含まれやすいことが，経験上示されている．女性，とりわけ配偶者と死別・離別した女性は，これらのすべての集団で顕在率が高く，その中でも特に貧しい．これら弱者集団は，文化的・行政的・地理的理由のために，主要なサービスから実質的に排除されることが多い．さらに，最も弱い集団は保健職員による優先順位が低く，ケアを受けることをあきらめているかもしれないという仮説を裏づける相当の証拠がある．保健職員（特に地方や僻地で働く者）の賃金や他の動機への取り組みがなされるならば，対面応対法の向上を強調した保健職員の職業訓練プログラムを実施することにより，サービスをさらに利用しやすくすることができるであろう．[17]

脆弱な地方や都市を地域目標とする

僻地に住む人々には，公衆衛生や個人的な保健サービスの利用機会が限られている国々もある．貧困は必ずしも地理的に集中しているわけではない．しかし，サービス適用の拡大や非政府サービス供給者への助成金の分配を通して，脆弱な地域やコミュニティの地域目標化を容易にするために，貧困プロフィールが活用できよう．都市の貧困者もまた，とりわけ弱い立場に追い込まれ，より裕福な人の保健ニーズに対応しようとする都市部の保健サービスの利用機会を著しく制約されてきた．[18] 都市の弱者集団を識別し，彼らの保健サービスニーズへの理解を深める支援もなされるべきである．

他の目標化戦略

他の目標化戦略は特定の環境の下で成功することがわかったし，さらなる実

験と適切な規模拡大を伴って，開発機関からの継続支援に値する．たとえば，避妊具や殺虫剤処理された蚊帳のような日用品のソーシャル・マーケティングは，本来は中産階級とやや貧しい人々の利益となることが明らかになっている．しかし，他の戦略によって補足される場合には，目標化戦略はより弱い人々にも恩恵を及ぼすことができるようになった．一例として，タンザニアのKINETというソーシャル・マーケティングプロジェクトでは，母子保健医院を通してパンフレット配布を行い，妊婦が殺虫剤処理した蚊帳を安価で購入することに効果をあげた[19]．

難民の目標化

難民や国内避難民は，疾病や病気に対して特に弱い立場となる．紛争の際には，例外もあるが，乳幼児死亡率は増加するのが典型的である．はしかなど予防可能な病気の統制はしばしば妥協的になり，エイズの蔓延はますます悪化するかもしれない．経済的，社会的構造が弱体化し，暴力や性的虐待が増えるにつれて，女性や少女の社会的な弱さが実質的に増幅される．

暴力的な紛争の結果として，2001年には，推定1,200万人の難民および530万人の国内避難民が存在した[20]．これらの人々は通常の保健ケア供給源を利用できなくなるが，一方で，彼らの受入国やコミュニティでは，保健サービスはパンクする．これらの集団の人々が，周産期保健プログラム[21]を含めて保健サービスを受けられるようにすることは，優先順位が高い．

人道主義的な組織，つまり，本来的な地元のNGOだけでなく国際的NGOや国連難民高等弁務官事務所（UNHCR）や赤十字国際委員会（ICRC）などの国際機関は，しばしばこうしたケースでは迅速なサービス供給をしやすい立場にある．しかしながら，彼らの保護は既存の制度内とし，類似の制度の導入によって既存の制度を弱体化しないよう配慮しなければならない．開発機関は，WHOの勧告に従い，これら最も弱い人々を早期に識別し，保健制度を強化し，活動の厳格な調整を支援しなければならない．

（3）需要増加と地域や家庭レベルの参加

保健ケアの需要増加

　多くの国々で保健サービスの利用は少ないが，中でも公的部門の利用はさらに少ない．貧困者は，自分たちの保健ケアをますます民間の供給主体に頼るようになっている．貧困者が保健を求める要因に関する理解は次第に深められているものの，計画立案目的のためには国および地域レベルでより詳細な理解が必要である．(22)貧困者が公的部門を敬遠しようと判断する主な理由は費用であるが，以下のような他の重要な理由もある．

- 保健施設への物理的なアクセスの欠如と，不都合な診療時間

　　特に，アフリカのサハラ周辺では，貧困者，とりわけ女性は，保健サービスの費用や質よりも，保健施設までが遠いことを指摘している．

- 治療に伴う「隠れたコスト」

　　医療機関への往復，診療待ち時間や薬を買うための待ち時間の代価があり，また，交通費，薬代（無料であるはずだが，しばしば入手不可能である）や保健職員や他の職員から請求される心づけ（非公式な支払い）も含め，保健サービスには隠れた費用がかかる．こうした費用は治療に出向く動機を減退させ，地位の高い者や賄賂を支払える者が優遇される差別によってますます深刻化する．(23)

- 不適切な設備，壊れた設備と汚い施設

　　公的部門の保健支出における危機，初期的サービスと賃金以外の経常費用の慢性的な積立不足によって，多くの国々で問題は悪化している．

- 職員の怠惰と欠員

　　医師や他の保健職員は，しばしばその職場からいなくなる．給料が不十分であったり，数ヶ月にわたる未払いがあったりするため，勤務時間中に，収入をもたらす他の仕事探しをする必要に迫られるからである．

- 医療・保健職員の行動

　貧しい人々に対する失礼で侮蔑的な扱いは，広範に広がり，どこにでもある共通した苦情である．特に「劣悪」と頻繁に指摘されるのは，公的部門の施設である．一例として，エチオピアの政府保健センターや病院では，職員の態度や行動は酷評され，NGO職員や宗教団体が，もう少しましな治療を行うようにとたびたび進言している[24]．貧しい女性の公的保健サービスの利用率の低さに関する多くの研究は，供給主体がていねいで適切な治療をすることの重要性を強調している．

- サービスの質と薬品の入手可能性

　貧困者にとっては，これらの問題はすべて一体化し，ケアの質に関する一般的な苦情となっている．たとえば，エジプトのボルグ・メゲゼルで無料の医療ケアを受けた村人たちが報じたことによると，そのクリニックは，薬もなく，医師はその病院を自分の私的なクリニックに変えてしまった[25]という．

　これらの理由と他の理由（無教育や，保健問題に対する無理解，女性や少女の保健需要が優先されないこと）により，保健サービスの普及率は，概して低位にとどまっている．こうした課題に取り組まなければならない．良質で効果的な施策が目に見える形で供給されることが主な目的であり，そのこと自体が需要を喚起し，利用の増加につながるだろう．長期的には，貧困者の教育，とりわけ女性の教育は，保健サービスを求めて適用範囲と品質を改善させる運動を助けるだろう．

コミュニティ参加の促進

- コミュニティにおける情報の有用性と利用度を向上させる戦略をより広範に活用することが勧告される．健康に良いものと悪いものを見分けられる能力に欠け，どこで予防的・治療的サービスが受けられるかの知識が乏しいことで，保健サービスの需要は抑制される．その戦略としては，地域コミュニテ

ィが積極的に関与する目標設定された情報キャンペーン，供給主体の実績や，保健商品や保健サービス購入に関する情報へのアクセスの改善，また，保健サービスに関する貧困者の選択を支援することがあげられるだろう．こうした支援は，たとえば，施設における価格表示の義務化，地域の供給主体の資格や属性についての簡単で明確な情報周知，小売店販売における薬品の安全使用，偽造品や使用期限切れ商品の見分け方に関する情報キャンペーン等を通してなされるだろう．

- 地域で働く保健職員や「援助者」の数を増やすプログラムは，家庭に保健増進とサービスに関するより多くの情報をもたらす効果的な原動力になる[26]．他方，このようなプログラムは，コミュニティのニーズや需要，とりわけ最も弱い集団のニーズや需要に関する情報を，地域の保健サービスに伝えることができるだろう．インドのアンドハラ・プラデッシュ州では，コミュニティから選ばれた女性がなる「援助者」の活用により，特筆に価する成功を収めた．都市の貧困地域における意識を向上させ，コミュニティと施設の橋渡し役を果たしたのである．このようなプログラムのさらなる実験と拡大は，開発機関によって支援されなければならない．

- 有意義なコミュニティ参加にも，もっと重点が置かれるべきである．その一方で，コミュニティは同質的でないことを認識しなければならない[27]．保健部門は，多年にわたり市民社会への参加に関するパイロットアプローチがなされてきた領域であった．貧困者が自分たちの権利を表明し，自分たちの生活に影響を及ぼす国家組織や社会のプロセスに対し影響を及ぼすことは望ましいにも関わらず，保健サービスの供給に関する意思決定において，貧困者やコミュニティの声が反映されることはあまりなかった．中には，市民社会がこれまで非常に弱すぎて，政府の保健供給の失敗に苦情を申し入れることができない国もあった．そこでは，地域の利害関係者との十分な相談もなしに，保健改革が決定されてきた．

- 資源の目標設定において，また，防貧保健サービスの設計，運営内容，財政

においても，貧困者，とりわけ女性の声に十分な関心を払うことが重要である．コミュニティ参加と保健サービスへの参加が，サービス利用を増加し，患者の満足感と知識を向上させ，また，コミュニティの能力強化に貢献しうると明示されている．

- 公私の保健サービスの責任能力を向上させるために，市民社会の潜在力にも関心が向けられてきた．もしコミュニティの積極的な関与がより貧しい人々，とりわけ女性に損害を与えながらエリートによって独占されるものでないならば，こうした関与は，僻地における保健サービスの実績を改善し，保健サービスとの連携を強化するための効果的な手段となりうるし，また，ガバナンスの全体的な向上に貢献するだろう．コミュニティおよび市民社会組織の関与は，簡便で一般的な法的手段や他の救済手段をまったく持たない貧困者の代弁機能を向上させる可能性も持つ．たとえば，ジンバブエでは，貿易組合，NGOや民間団体からなる市民社会の利害関係者の強力な連携が，保健部門内の政策や支出の監視にかかわってきた[28]．

- 貧困削減戦略（PRS）の過程は，参加への広範なアプローチの一部として保健部門内での協議を改善することにより周知されるべきである．さらに，教育，とりわけ女性の教育を改善することにより，適切な利用が増えるとともに，コミュニティが自分たちのニーズを政府や地方自治体に対して発言する力を高めることができるようになるだろう．

4 供給主体の多元化と保健サービス供給の挑戦

保健サービスの供給はますます多様化し，アフリカのサハラ周辺やアジアの貧しい地域のみならず，多くの国々で民間部門（コラム4を見よ）が，保健サービスの主要な供給主体となっている．また，中国や旧ソ連の新興独立国家の一部をはじめ，転換期にある多くの国々では，公衆衛生関連の職員が公的施設で

コラム4

民間保健部門とは何か？

　民間保健部門の定義には，異なる見方が存在する．一方では，民間部門を営利活動に限定する見方があり，他方では，営利目的か慈善目的かに関わらず，公式の政府部門外で活動する多様な保健サービス供給主体とする見方もある．ここでは，後者の広範な定義が使用される．民間部門は，供給主体として登録済みの場合も未登録の場合もあり，組織上，契約上も多様な条件で運営されている．

① NGOや宗教を基盤とした組織を含めた非営利供給主体は，初期医療を行う診療所や第二次病院を運営している．多くの団体は，地方やサービスの行き届かない地域で，外部からの資金援助を受け，政府との契約や合意に基づいた運営の下でサービス供給をしている．

② 一連の非営利の地域住民団体，市民団体，ボランティア支援団体，また他の慈善団体等も，保健や支援サービスを供給している．これらの団体は，組織上公式・非公式いずれの場合もあり，また，啓発活動やカウンセリング，在宅ケアにも関与している．エイズ感染により，多くの小さなインフォーマル団体の設立が促された．これらの団体は，エイズに感染し生活する人々に対し，計り知れない貴重な支援を提供している．

③ 営利部門には，クリニックや病院，薬局や実験室のような営利組織で働く有資格の保健関連従事者や自営業者がいる．彼らは，一般に免許資格に基づいて働くが，免許制の執行は必ずしも厳格ではない．これら民間医療従事者の大半は，公務員としても働いている可能性がある．多くの国々では，無免許の薬局や薬行商人が保健サービスの第一線を占めている．彼らは大勢おり，自宅か市場で小さな店を開き，販売禁止薬，非禁止薬双方を含む医療品や避妊具などを販売している．

④ 最後に，多くの土着の伝統的な医療従事者がいる．助産師やさまざまな土着の医療手段による治療者である．彼らは，料金や現物支払いを請求したり，互助原理に基づいたサービスを提案するかもしれない．ほとんどの場合，彼らは政府による規制を受けないが，中には登録従事者団体を設立している国もある．

実際にサービスを販売しており，事実上民間供給主体のようである．したがって，利用者は多様な供給主体から構成される複雑な構造に直面している．それら多様な供給主体は，一般に広義の「民間部門」と呼ばれる．しかし，「民間」供給は異種混合であり，民間部門が提示する政策や戦略的挑戦もまた異種混合であることを明確にしておくべきである．

(1) 民間部門のサービス利用

　貧困者の民間営利・非営利サービスの利用は，国際的にも国内的にも変化しやすい．貧困者による利用拡大の事例もある[29]．母子保健サービスの利用率が高い国も存在する[30]．他方，公的部門が予防的，基礎的保健サービスにおける主要な供給主体であり，成人の治療的ケアは民間サービスを頼みとしている国もある．貧困者にとって，民間サービスの利用は，公的部門のサービス利用の代替であるか，共存するものであるかもしれない[31]．

　また，貧しい女性や少女が特に民間サービス利用の機会を求める国々もあろう．その理由は，民間サービスがより便利で利用しやすく，治療時に彼女らを尊重するからである．女性にとっては，男性の同伴なしに民間サービスの供給主体に行くことは容易であろう．また，専門職員が勤務する供給主体は男性や少年のための治療を行い，無資格の伝統的医師が女性や少女の治療を行うという性的先入観があるかもしれない．

　あらゆる国で，地域の薬剤販売者や行商人からの薬品購入が，貧困者の最初の選択肢であることは共通している．しかし，貧困者が最もよく利用するのがどの種類の民間供給主体であり，各供給主体のうちどのような順序で利用を望んでいるかについては，ほとんど有効な統計がない．

　民間供給が成長している理由は状況に応じてさまざまであるが，それらは，3の(3)で確認された公的供給の問題に密接に関係している．中国のように，公的サービスの性格に劇的な変化があり，民間営利市場が急速に発展している国々では，すべての社会経済的集団で自己治療が広範に普及してきた．結

果として，薬局，小売商店や地元の行商人への支払いが，今や家計の医療費支出の相当額を占めている．

上述したように，公・私部門の関係は単純ではなく，何が公的で何が私的であるかは，ますますあいまいになっている．公的部門の保健職員が時間外に個人で働くことは頻繁にあり，未登録で行政の監督を受けていないサービスに料金を請求することもよくある．公的部門の施設は，慢性的に予算不足であることが多く，職員が生活のために自らの技能やサービスを売りに出さなければならない国も多い．

ウガンダも，その一例である(32)．また，地方分権化以降の中国では，国家予算から支出される保健職員の給与は，全体のわずか約15％にすぎず，残りは，薬品やサービス販売によって補充されなければならない(33)．まさに，公的部門が公的援助のある民間営利部門に類似したものとなっている国々もある．

ガバナンスにさほど問題がなく，公衆衛生部門が酷使されている国々では，供給の多元化が高度に進んでも，供給主体の能力はほとんどチェックされないことも多い(34)．その結果，適切で，十分なサービスを供給する能力について，極端なばらつきを生じる場合がある．多元化には，営利・非営利の供給主体が公的部門にはできないサービスを供給し，貧困者も一般の人々に対しても同様に適用範囲を拡大できる利点がある．他方，このような困難な状況において，貧困者は営利部門で利用可能な高品質なサービスへの支払い能力に欠けるため，支払い能力に応じた非営利部門のサービスを利用することになる．

（2）民間部門とのパートナーシップの開発

民間部門が防貧保健目的の達成に貢献するよう保障するために，政府はより積極的に民間部門と係わらなければならない．どのような関係を築きうるかは，既存の利用パターンの背景分析の結果や，異なる供給主体ごとの規模や特性，さらには，効果的な規制や契約，その他のメカニズムを開発し施行する政府の能力によって決まる．

今日まで広範なアプローチが利用されてきた[35]．その中には，インフォーマルセクターの開業医との協力，訓練や物品の提供，民間団体に対する診察業務契約（実験やイメージサービス），サービス供給の委託契約などがあった．これらの戦略の一部は，もし社会的弱者の保健状態への影響が適切に評価されるならば，開発途上国政府や先進諸国の開発機関が見習うべき有用なモデルを提供することができる．以下は，その例である．

- 非政府サービス供給主体への公的補助の提供は，サービス不足の地域で，サービスの質と利用機会を改善する手段となる．カンボジアでは，特定サービスや地区全体への委託契約がパイロット事業として行われた．NGOへ委託された多様なサービスモデルを評価するパイロットプログラムでは，NGOが職員の採用や雇用管理について全権委任された場合にサービス利用が最も高まることが明らかになった[36]．

  アフリカサハラ周辺では，特定地域でサービス供給の主体となっている教会組織との間に合意が結ばれた．NGOが同様の機能を果たしている国々もある．その一例として，都市や地方の貧しい地域において高品質の周産期保健サービスの主要な供給者であるブラジルのBEMFAMがある．サービスの量と質の明確な表示が合意文書に盛り込まれなければならない．監視されたサービス内容と供給能力は，国内で優先順位の高い領域とされなければならない．開発機関は，契約や監視能力の強化を支援することにより，この種の公私パートナーシップを促進しうるであろう．

- 開発協力機関は，伝統的な助産師や無認可の開業医の訓練と同様，民間営利目的の供給主体との共働を支援してきた．その成果は，賛否両論がある．最近では，エイズ領域において革新的なプログラムが作られるようになった．その中には，若者や男性と頻繁に接触を持つ無免許薬剤師を保健教育者として訓練するプログラムや，小売販売店で予め包装された性感染症薬を供給するプログラム等がある．エイズの多大な影響を受けているアフリカ諸国で

は，自宅療養しているエイズ感染者に対し，伝統的祈祷師が重要な機能を果たしていると考えられる[37]．

訓練を受けることにより，インドでは，民間供給主体の肺結核診断や治療技術が改善され，ケニヤでは，小売商人が適切なマラリヤ予防薬を提供することができるようになった．開発機関は，この領域で実施中の実験が，貧困者や社会的弱者の健康状態に及ぼす影響に関する分析に役立つように配慮しなければならない．

- 規制的枠組を構築する．規制的枠組みは，破綻した国家や弱い国家で体制が崩壊している場合や，中国のように転換期で枠組みが再協議されている場合を除き，多くの国々で何等かの形で存在している．しかしながら，その施行に関してはまだ不十分である．インドにおける消費者保護法（COPRA）は，救済策の法的枠組みを創り出す試みであった．限られた影響力しかなかったものの，現在は，COPRA の下で民間開業医に対して訴訟が持ち込まれるようになった．勝訴の確率は約 30％と低く，利用の機会は事実上高額所得者に限られる．しかし，同法の結果として，消費者への情報提供は向上した[38]．

枠組みは，状況を変化させるために必ずしも適切ではないこともある．たとえば，急速に経済発展するタイでは，十分な規制的環境を持たないままに，病院の民間部門への拡大を促進する政策をとり，公的保健部門に悪影響を及ぼしている．具体的には，民間部門への頭脳流出や，あまり活用されない高価な医療技術の集積が起こっている[39]．

民間部門のイニシアティブが公的保健の目標に貢献するには，異なる利害関係者を巻き込んだ多様なメカニズムを利用することによって，民間部門のイニシアティブを抑制せずに，より効果的な権力の抑制と均衡の出現を可能にするであろう．開発機関は，規制の下で能力開発を支援しつつ，国境を越えた民間部門の運営に関する経験から学ぶことを促進することができよう．
- 民間部門と協働する他の効果的な戦略として，以下のものがある．避妊具などの基本的な日用品の需要と供給を拡大する社会的マーケティングプログラ

ム，保健サービスの責任能力を向上させるための市民社会との協働，また，前述したように供給主体の実績についての情報入手可能性を高めることなどである．

(3) 援助のための成果主義アプローチ

援助のための成果主義アプローチ（OBA）は，契約協定に関する一つのアプローチであり，世界銀行により試行されている（コラム5参照）．

5　公正な保健財政メカニズムの開発

(1) 保健財政と社会的保護

保健財政の目的は，積立金の有効性を保証し，供給主体に適切な動機を持たせ，あらゆる人に効果的な公的保健や医療サービスを利用する機会を確保することにある．開発途上国での保健にあてがわれた既存の財源は，貧困者のニーズに合致するような保健制度を運営するには不十分である．政府の保健予算は，予算の再配分や効率的な節約，債務救済から生み出された財源を使用することで多少の増加が可能である．しかしながら，最も貧しい国々では，外部からの財源の実質的増加なしに，防貧保健目的に合う十分な財源を提供することはできないであろう．

- 保健財政制度は，病気に対する保護の程度に重大な結果をもたらす．公正な財政戦略は，あらゆる人に対する経済的保護を保証し，貧困者が保健ケアの支払いが不能になったり，その結果として貧困化する可能性をなくすものである．保健財政制度の設計と実施は，保健省のみならず，財務省，外務省，厚生労働省といった複数の省庁が責任を負う．開発機関を含むすべての主要な利害関係者の間で，貧困者の利用機会の保護に関する対話が必要不可欠で

コラム5

援助のための成果主義アプローチ

　成果主義アプローチ（OBA）を保健領域の援助に活用するか否かについての議論は，ますます盛んになっている．他方，開発機関や政府は，特定の成果達成に基づき，営利・非営利を問わず，民間部門へサービス供給を委託している．成果主義アプローチは，非政府主体のサービス供給に対する政府の財政援助であるが，金銭的寄附の概算費用に対する財政援助をする伝統的なアプローチと混同されてはならない．

　開発機関は，一定期間この伝統的なアプローチを支援してきた．その経験から，サービス不足の地域や不利な条件下にいる貧困者への供給支援に，多くの場合，このアプローチが有効であることが明らかになった．

　成果主義アプローチの目的は，効率性への動機を高め，公的財源の活用の際の説明責任を醸成し，さらには，民間財政を動員する機会を創り出すことにある．このアプローチの支持者は，出来高払いや市場競争からの利益を通して，実施の可能性は高まると主張する．しかしながら，成果主義に依拠した保健サービス供給がどの程度適切であるか，またどのようなサービスの種類に適切であるかに関する合意はほとんどない．現在 OECD 諸国で，同様の課題が論議されている最中である．つまり，均等割当に基づいた財源の長所と短所に関する議論である．ガヴァナンスが弱い場合には，いい加減な仕事や不正手段の機会をさらに増やすことになるだろう．成果がより簡潔に定義され，その成果と保健面の成果との関係が明確な場合（予防接種がその一例である）に，成果主義アプローチは，最も容易に適用できる可能性がある．適用に当たっては，全体の保健プログラムに統合されるべきである．

ある．

- 保健制度の財政方法は，ジェンダーの重要な側面を持つ．女性は自分の収入を持つことが少なく（利用料や保険料の支払能力に限度がある），自らの保健ニーズのために家計から支出できる割合が低い．加えて，保険や他の前払い制度における古い偏見があるため（例：保険統計上のリスク評価，妊娠条件の除外等），女性は不利を被っている．それにもかかわらず，女性のニーズ，とりわけ周

産期の保健サービスのニーズは高いのである．
- 保健制度の財源問題は，より広範な社会保護の問題と密接に関係しており，国民経済におけるマクロ経済の安定に関する考察を含むものである．保健に固有の保護手段は，貧困化の中で健康状態をさらに悪化させる「ショック」に対する基本的な保護を提供する他のアプローチと連係して設計され，実施されなければならない．(40)

　貧困者や社会的弱者は，様々な要因による複数のリスクにさらされている．そのため，家庭やコミュニティで，または，NGOや市場組織，政府機関等を通じて，特定の集団ごとに異なる形態のリスクマネージメント戦略が必要となる．(41)とりわけ，貧困世帯は，限られた収入で支出の優先順位付けを余儀なくされる．つまり，保健ケアに現金払いできる額は，教育や生活必需品の必要額のような社会的費用に左右される．
- 公私にかかわらず，保健サービスは多数の異なる仕組みで財源調達されている．多くの開発途上国で，保健への公的支出が低いため，現金払い支出（利用料）は，全保健支出の20％から80％を占めている．(42)疾病時の自己負担が貧困者の保健サービス利用を抑制していることが証明されており，社会の最貧集団への基本的な保健ケアを拒んでいる．中程度の収入世帯でさえも，家族が高額な保健ケアを必要とする病気にかかり，病気が原因で稼ぎ手が働けなくなった時には，貧困に陥る可能性が高い．

（2）リスク分散と前払いアプローチ

　保健ケアのために負わなければならないリスクを加入者全員が負担し，資金の積立と管理を行うのが共同出資制度である．保険制度に加入する明示的なものか税収を通じた非明示的なものかに関わらず，伝統的に「保険機能」として知られるところである．

　一般税収や社会保険によって歳入が大方調達されていたり，巨額な積立金を持つ開発途上国では，前払い制度とリスク共同出資制度がひときわ支配的であ

るが，低所得国ではそれはまれである．開発途上国にとっては，各種補助金や適切に規制された多様な共同出資制度の開発が，保健の進展のための重要なステップとなる．したがって，保健財政政策の焦点は，できる限り大きい共同出資金を集めたり有効に使うなどの調整を行っていくことに置かれるべきである(43)．

共同出資とリスク分担の実現可能性は，当該国によって異なる．多くの低所得国では大きな共同出資を作り出す組織的，あるいは，財政的，制度的な力がないため，開発機関の支援を受けた政策立案者は，こうした諸条件の整備を試みるべきである．比較的小さい共同出資制度でさえ，ポケットマネーで行われている完全な現金支払いよりは望ましい．開発機関は，より大きな共同出資や，より望ましい助成制度への推移の過程として，職域を中心とした拠出制度や地域や供給主体の前払い制度の開発を支援できるであろう．中国を一例として，指定貧困地域における貧困世帯のための医療セイフティーネットを実験している国々もある．そこでは，主要な病気の費用，とりわけ最貧民の入院費に保障が適用される．

地域団体やNGOにより運営され，限定された地域住民を対象とするコミュニティ制度は，広範な加入とコミュニティによる自治を保証することで，その連帯を築き，育むことを目標としなければならない．場合によっては，収入創出制度のような広範なコミュニティ団体のプログラムに健康保険を導入することも可能であろう．これらの組織の利点は，より強力な運営能力を持つ可能性があるということである．小規模の保険制度（加入者の大半が貧困線上もしくはそれ以下である任意加入保険制度）は，ますます広範に広がり，信頼に足る実践例を提示している(44)．コミュニティ制度は小規模での成功を収めているが，より規模の大きな反復実験の評価とさらなる努力が求められている．

リスクごとの共同出資が十分な社会保護を生み出すことができない最貧国では，外部支援や債務救済によって補足された保健部門予算が，近い将来に向けて大きな役割を担わなければならない．このアプローチでは，追加的資源が防

貧目的に適う方法で再分配されることを想定している．

中所得国では，税金を中心とした保健財政が拡大するだろう．他の選択肢としては，既存の職域を中心とした強制加入健康保険制度を強化・拡大し，より多くのインフォーマルな労働者の加入と，参加への助成をすることで，利用機会を向上させることができよう．

（3）費用分散アプローチと利用者料金

多くの開発途上国では，財源不足と公的部門サービスの非効率性を懸念し，公平性への配慮よりも，歳入創出と効率性目的を優先した保健財政改革を実施してきた．その結果，利用者料金の導入やその増額に結びついた．貧困削減が政策の中心となるに伴い，保健省と財務省は利用者料金が貧困者にどのような影響を及ぼすかについて，ますます大きな関心を持つようになっている．

公的部門における利用者料金の影響について，利用者料金が貧困者のサービス利用率を低下させ，料金免除制度は貧困者を識別できず，料金制度の影響から貧困者を保護できない事実が広く明らかにされている[45]．貧困者の初期サービスの利用は，すでに時間と機会コストの影響を受けているが，利用者料金はその利用をさらに制限する効力を持つ．

貧困削減戦略の一環として利用者料金を廃止したウガンダでは，貧困者の利用が急激に高まる結果が出た．他方，南アフリカでは，周産期医療や小児保健サービスで利用者料金を廃止したが，利用の実質的増加には至らなかった[46]．しかし，基本的な保健サービスを財政的に支えるには政府支出があまりにも低すぎること，また，多くの国々で保健支出の大半が民間支出であることを考慮すれば，利用者料金が多くの低所得国の保健財政政策で重要な側面を持つことに変わりはない．また，OECD諸国では，程度の差はあるものの，共同支払い形式での利用者料金制度は一般的である．特定の開発途上国では，予算の制約と政治的圧力によって，以前撤回された利用者料金制度が復活している[47]．

このように，利用者料金制度は，貧困者の良質な保健サービス利用の機会が

保護されることを保証するため，慎重に取り扱われなければならない．この点に十分留意し，各国の状況に応じた様々なアプローチを組み合わせることが適当であろう．財源の制約を前提とした混合アプローチには以下の点が含まれよう．

- 無料の初期サービス

   初期保健ケアサービスの利用は，貧困者にとって大変重要である．初期ケアの利用者料金の徴収は，サービスの質を継続して向上させるのに十分な財源を生み出すにはほとんど効果がない．前述したように，初期サービスの無料提供を勧奨すると，利用機会を増加させる．
- 目標設定された集団や地域への無料サービス

   特別に弱い集団やコミュニティの識別については，3の（2）で論じた．原住民，青年や難民等のような目標設定された集団への無料サービスの供給は，利用増加に大変効果的である．指定貧困地域や地区へのサービス無料提供についても，同様である．
- 優先的な疾病や健康状態への無料サービス

   貧困者が抱える病気に関わる負担の大部分は，健康状態によって決まる．このため健康状態の診断と治療は，すべての医療機関において，費用から免除されるべきであろう．たとえば，子どもの保健ケア，分娩や周産期ケア，性感染症や結核の統制費用を免除すれば，貧困者の保健全般に相当の効果があろう．医療費免除の基準は，当該地での疾病形態や貧困者への重要度に応じて決定されねばならないであろう．この戦略はガーナで用いられ，医療費免除の範囲を拡大した．しかし，そのための予算配分は不十分であった[48]．
- （地区や第二次）病院サービスの医療費控除制度

   地区病院においてさえ，高額な入院医療費は，貧困化の主要原因となりうる．社会的弱者集団や医療費支払いの結果貧困化を余儀なくされる人々も含め，医療費控除制度の必要性は大変大きい．ウガンダやバングラデシュのよ

うな国々では，病院を中心とした免除制度や，自己負担できる患者による貧困患者への横断的な助成制度を試行しているところである．

- 高額所得者や医療乱用への助成停止

　高額所得者の大学病院や高度医療病院サービスでの利用料金や，これらの医療サービスを多用する傾向のある人々の料金は，公的財源で助成すべきではない．もちろん，高額所得者へのこれらの助成の制限や，著しい削減には政治的抵抗が予想されよう．低所得者が保健ケア制度によって高等医療施設を利用する場合，何らかの免除制度があることが望ましいのは明らかである．

　貧困者の利用機会を維持しながら，一定程度の費用回収をもたらすために，客観的で偏見や差別のない免除制度の開発を試みている国々もある．NGO 部

コラム6

アガ・カン保健サービスの利用者料金へのアプローチ

　パキスタンのアガ・カン保健サービス（AKHS）は，保健所の拡大ネットワークと北部地方とチトラル地区に第一次委託機関を持つ．これらのサービスは，主に小作農に頼る僻地の村々の女性や子どもの保健ケアニーズに対応するよう設計されている．サービスは，コミュニティとの緊密な相談のもとに設計され，コミュニティは，センター建設の物資を提供し，AKHS が訓練するコミュニティ保健師候補を任命した．患者は，ほとんどのサービスに料金を支払うが，料金はコミュニティごとに異なる．それは，料金設定が各コミュニティとの交渉を通してなされるからである．料金交渉では，コミュニティ指導者は，当該村で一般に支払い可能な額と，サービス供給の直接運営費用に占める割合を向上させる料金額とのバランス達成を求める．より裕福な村々では，5年以内にコミュニティが直接運営費用を支払えるような割

門では，コミュニティの関与と監視に加え，コミュニティが利用料金を設定することで，公正性と効率性のバランスに優れた利用者料金制度を創っている（コラム 6 参照）．

開発機関は，社会的影響の分析を向上させつつ，費用回収と社会保険導入へのより革新的なアプローチを支援しうるだろう．それにより，貧困者への悪影響，とりわけ女性に対する悪影響を早期に識別できるであろう[49]．

保健ケアの直接費用負担を軽減する戦略の中では，保健部門職員から強要される心づけ（非公式な料金）にも取り組まねばならない．掃除婦などの関連職員や医療専門職から要求される心づけは，しばしば正規の利用者料金より高く，捕捉率を阻害する大きな要因である．公式価格の表示や，保健施設運営へのコミュニティの関与，さらに，ガバナンスの改善は，すべて有用であろう．さらに，保健部門職員の動機づけへの取り組みを行うことが重要である．

合の料金設定をした．しかしながら，同程度の費用回復が達成されるまでには10年から15年かかるだろうと村の指導者・AKHS 双方が考えているケースがほとんどである．それまでは，AKHS がサービスを助成する．

現在までの経験から，このアプローチは，当該コミュニティのほぼ全員を対象とするが，一部の村々では，極貧世帯の利用機会を十分に保証していないことがわかっている．最貧民に対応するには，AKHS の支援の下で，村の指導者によって福祉政策がきちんと実行されなければならない．現在の福祉アプローチは，特に不利な家族への免除を行っているが，地域の経済状況と季節的収入の低下のため，それを継続していくことが難しくなっている．保健省からの最貧民に対する人頭割当の拠出を含め，福祉への追加的アプローチが検討されている．

注記

(1) マリの事例では，コミュニティは自ら保健職員を雇用し，その条件を交渉することに成功している．同時に，地元住民に対する保健職員の責任をいっそう強化している．

(2) 情報と ICT を通じたコミュニケーションネットワークの改善は，強力な社会的，経済的ネットワークを形成し，保健制度の改善を手助けしうる．次を見よ．Action Point 7 – ICT for health care, G8's Genoa Plan of Action.

(3) たとえば，ガーナでは，地区運営制度の強化と保健省の再編を通して，保健サービス運営の脱中央集権化に成功した．制度のあらゆるレベルでの公的保健の医師・管理者の強力な中核グループを作ることは，このプロセスの重要な要素である．それは，長期の外部からの支援や技術的助言と同様である．

(4) Murray, C. J. L. and A. D. Lopez (eds.) (1996), *Global Health Statistics* (Global Burden of Disease and Injury Series, Volume II), Cambridge, Massachusetts.

(5) Prabhat, J. and F. Chaloupka (1999), *Curbing the Epidemic : Governments and the Economics of Tobacco Control*, World Bank, Washington.

(6) 母親の死亡は，一般に妊娠中の死亡，産後 42 日以内の関連理由による死亡，または，妊娠やその管理などによる持病悪化による死亡と定義される．

(7) UNICEF (1996), *The Progress of Nations*, UNICEF, New York.

(8) Alan Guttmacher Institute (1999), "Abortion in Context : United States and Worldwide", *Issues in Brief, Series No. 1*, Alan Guttmacher Institute, USA.

(9) Safe Motherhood Inter-Agency Group, "Implementing the Safe Motherhood Action Agenda : A resource guide", *Safe Motherhood Resource Guide* は，以下を参照．
www.safemotherhood.org/smrg/overview/overview.htm

(10) Ashford, L. (2002), "Hidden Suffering : Disabilities From Pregnancy and Childbirth in Less Developed Countries", *Health Reports*, Population Reference Bureau.

(11) Safe Motherhood Inter-Agency Group, 前掲書．

(12) 人口と開発に関する国際会議は，1994 年にカイロで開催された．

(13) UNFPA (United Nations Population Fund) (1999), "Six Billion : a time for choices", Chapter 3, Reproductive Health and Reproductive Rights), *States of the World Population 1999*, UNFPA, New York.

(14) GFATM は，およそ 22 億米ドルの支援公約を受け，うち 5％未満のみが民間寄付者からの公約である．

(15) WHO (2002), *Improving Health Outcomes of the Poor*, Report of Working Group 5 of the Commission on Macroeconomics and Health, WHO, Geneva.

(16) WHO (2002), *World Report on Violence and Health*, WHO, Geneva.
(17) Vlassof, C. (2001), "Health Workers for Change, A Quality of Care Intervention", *Health Policy and Planning*, No. 16 (Supplement No. 1).
(18) Werna, E. (2001), *Combating Urban Inequalities Challenges for Managing Cities in the Developing World*, Edward Elgar, Aldershot, UK.
(19) Schellenberg J. R. et al. (2001), "Effect of large-scale social marketing of insecticide-treated nets on child survival in rural Tanzania", *Lancet 357*: 1241-1247.
(20) UNHCR (United Nations High Commission For Refugees) (2002), *Refugees by Numbers*.
www.unhcr.ch
(21) UNFPA (2002), *The Impact of Conflict on Women and Girls: Strategy for Gender Mainstreaming in Areas of Conflict and Reconstruction*.
www.unfpa.org/publications/armedconflict_women.pdf
UNFPA（日付不明）*Reproductive Health for Communities in Crisis: UNFPA Emergency Response*.
www.unfpa.org/modules/intercenter/crisis/crisis_eng.pdf
(22) Narayan, D. et al. (2000), *Voices of the Poor Crying out for Change*, World Bank, Washington. 以下も見よ．Milimo, J., T. Shilito and K. Brock (2002), "The poor of Zambia speak: Who would ever listen to the poor?", *Findings from Participatory Research on poverty in Zambia in the 1990s*, Zambia Social Investment Fund.
(23) 同上書，pp. 101-102.
(24) Tolossa, A. and R. Lambert (1997), *Participatory Rural Assessment of Community Perceptions of Quality of Health Care Services in East Haraghe, Ethiopia,* Save the Children Fund, London.
(25) Narayan, D. (2000), 前掲書 pp. 103-104.
(26) Kahassay, H. M., M. E. Taylor and P. A. Berman (1998), Community Health Workers: The Way Forward, *Public Health in Action* No. 4, WHO, Geneva.
(27) Oakley, P. (1989), *Community Involvement in Health Development: An Examination of the Critical Issues*, WHO, Geneva;
Kahssay, H. M. and P. Oakley (eds.) (1999), *Community Involvement in Health Development. A review of the concept and practice*, WHO, Geneva.
(28) Loewenson, R. (1999), "Public Participation in Health: making people matter", *IDS Working Paper No. 84*, Institute of Development Studies and Training and Research Support Centre (TARSC).
(29) たとえば，ガーナの民間部門クリニックの患者調査では，50％が低所得グル

ープ出身で，インドのラジャスタンの世帯調査では，民間部門での子どもケア利用者の80％が低所得グループであることが明らかにされている．以下を見よ．
Sharma, S. (2001), *The Private Sector and Child Health Care*, Carolina Consulting Corporation, Chapel Hill, NC.
www.futuresgroup.com/documents/final_-_WHO_2.pdf

(30) 子どものケアの活用については，同上書を見よ．周産期保健については，
Rannan-Eliya, R. P. et al. (2000), *Expenditures for Reproductive Health and Family Planning Services in Egypt and Sri Lanka*.
www.policyproject.com/pubs/commisionedreserach/harvard.pdf

(31) Sharma, S. (2001), 前掲書．

(32) McPake, B. et al. (1999), "Informal Economic Activities of Public Health Workers in Uganda: Implications for Quality and Accessibility", *Social Science and Medicine* Vol. 49, No. 7 : pp. 849-65.

(33) Bloom, G. and X. Gu (1997), "Health Sector Reform: lessons from China", *Social Science and Medicine*, Vol. 45, No. 3 : pp. 351-360.

(34) Bloom, G. and H. Standing (2001), "Pluralism and Marketisation in the Health Sector", *IDS Working Paper No. 136*, Institute of Development Studies, University of Sussex.

(35) Mills, A. *et al.* (2002), "What can be done about the private health sector in low-income countries?", *Bulletin of the World Health Organization*, Vol. 80, No. 4 : pp. 325-30. 次も見よ．
Smith, E. et al. (2001), *Working with Private Sector Providers for Better Health Care : An Introductory Guide*, Options/London school of Hygiene and Tropical Medicine, London.

(36) Loevinsohn, B. (2000), *Contracting for the Delivery of Primary Health Care in Cambodia : design and experience of a large pilot project*.
www.worldbank.org/wbi/health/flagship/oj_cambodia.pdf

(37) UNAIDS (2001), *Reaching Out and Scaling Up : Eight Case Studies of Home and Community Care for and by People with HIV/AIDS*.
www.unaids.org/publications/documents/persons/JC608-ReachOut-E.pdf

(38) Bhat, R. (1996), "Regulating the Private Health Care Sector: The Case of the Indian Consumer Protection Act", *Health Policy and Planning* Vol. 11, No. 3 : 266-279.

(39) Bennett, S. and V. Tangcharoensathien (1994), "A Shrinking State? Politics, Economics and Private Health are in Thailand", *Public Administration and Development*, Vol. 14, No. 1 : pp. 1-17.

(40) このような「ショック」は，失業による収入喪失や自然災害などによる資産喪失，また家族や親族構造を失うことによる高齢期の支援の欠乏や障害を含む．
(41) World Bank (2002), *Social Protection Sector Strategy : From Safety Net to Springboard*, World Bank, Washington.
(42) WHO (2000), *The World Health Report 2000 – Health Systems : Improving Performance*, WHO, Geneva.
(43) 同上書．
(44) ILO (International Labour Organization) (2000), *Health Micro-insurance: A Compendium*, Working paper.
www.gdrc.org/icm/step-ilo.html
(45) Gilson, L. (1997), "The lessons of User Fees Experience in Africa", *Health Policy and Planning*, Vol. 12, No. 4 : pp. 273-85.
(46) Schneider, H. and L. Gilson (1999), "The impact of free maternal health care in South Africa". IN Berer, M. and T. K. Sundari Ravindran (eds), *Safe motherhood initiatives : critical issues*, Reproductive Health Matters, Blackwell Science, Oxford, UK.
(47) Foster, M. and S. Mackintosh-Walker (2001), *Sector-Wide Programmes and Poverty Reduction*, Overseas development Institute, London.
(48) 同上書．
(49) これはすでに PRGF 支援プログラムの必要条件である．

第3章

主な防貧保健の政策領域

概　要

　貧困者に効果的で負担できる保健サービスへのアクセスを保障することは，防貧保健アプローチの中心的な課題である．しかし，それだけでは貧困者の保健を改善するために十分とは言えない．なぜなら保健部門を越えた諸政策も貧困者の健康状態の主な決定要因になるからである．確かに，各部門の政策やマクロ経済政策が保健成果に及ぼす効果について，長年の豊富な論拠は存在する．これらのうち決定的に重要な要素としては，教育，食糧確保，安全な水，衛生，エネルギーがあげられる．

　貧困者の保健は，彼らを大気汚染や暴力，家庭や職場や路上における怪我の機会を減らすことによって，また，内戦や自然災害の破壊的な影響を防ぐことによって改善できるだろう．開発機関は，保健と貧困削減目標を推進する当該部門の政策を支援することができよう．

1 はじめに

　保健目標に向けた各部門の政策は，有益であったり，有害であったりもするであろう．その影響は，各部門間の相互作用の効果によって強められる．したがって，保健や貧困削減に大きな影響力を及ぼす各部門の優先順位を定め，どの政策が保健とより広い意味での貧困削減目標を促進，あるいは，阻害するか評価することが重要となる．優先順位を定める前に，保健目標達成のために関連部門間で相互の政策遂行能力を強化することが重要である．

　以下では，貧困と保健，そして，その他の重要な部門間の関連性に注目する．保健と教育の関連性については，以前から重要性がよく知られているところである．その他に，対人的な暴力や交通事故などとの関連はあまり明らかでないが，それらは死や怪我や病気の重要な原因である．関連部門の諸活動を通して，保健目標の達成を支援するために，開発機関に対して勧告の要点を後に示す．

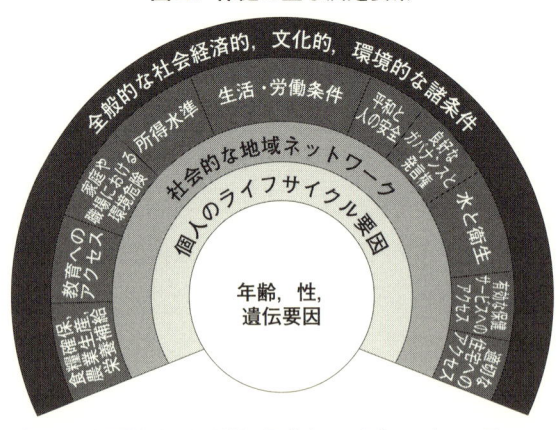

図2. 保健の主な決定要素

[資料] Dahlgren, G. and M. Whitehead (1991), *Policies and Strategies to Promote Social Equity in Health*, Institute of Futures Studies, Stockholm.

2　保健改善の手段としての教育

　教育と保健は貧困削減への基本要因であり，8つのミレニアム開発目標のうち5つの目標に直接に関係している．そのうち3つの保健関連の目標の達成は，普遍的な初等教育と，それに緊密に関連する男女平等の目標が達成できるか否かにかかっている．保健と教育への投資とその貧困削減に及ぼす影響の相乗効果の関係を示す証拠は，もはや疑う余地がない．

　しかし，多くの開発途上国では，適切な投資の不足により，教育部門はまだ劣悪な条件下におかれたままである．不十分なインフラ，教材不足，継続的な研修プログラムがなく職業訓練が不十分でやる気のない教員，詰め込み式のカリキュラム，そして過度に中央集権的な意思決定過程など，それらすべてが教育目標達成の失敗要因となっている．

　教育への投資を優先的に行っている低所得国は，実際に死亡率を低下させている．それらの国々の死亡率は，1人当たりの所得は高いが教育されている人口が少ない国と比較して，はるかに低い水準である．

　心と体—教育と健康—は，貧困者にとって最も大切な財産であり，彼らを社会的にも経済的にも生産的な生活へと導く．わずか数年の学校教育でも，保健志向の行動を形成するために決定的に重要な基礎知識を身につけさせる．さらに，予防保健と情報に基づく自助を強調する教育は，貧困者の生活管理能力を高めるために最も効果的な方法の一つである．

貧困と保健の主な関連

　多くの研究成果において，教育と保健の関連性の特徴は以下のように明らかにされてきた．

- 女子教育は，子ども，家庭，地域の保健ケアの改善に大いに役立っている．

子どもの死亡率を低下させる最も有効な手段の一つは，母親の識字教育である．貧困者，特に少女が少年と同様に教育を受ける機会を保障する教育制度の産物として，子どもの死亡率は低下するのである．学校で得た知識とともに，強い感受性と自信は，女性が保健職員からの助言を実際に実行することを可能にする．母親の識字は，個人の行動へ影響を及ぼすだけでなく，家族や広く地域の公的保健ケア制度(1)へのアクセスを高め，あらゆる種類の保健政策にとって決定的に重要である．

- 教育は出生率の低下に関連する．

　教育は人間の出産行動に変化をもたらし，母親の死亡率低下，女性の地位向上，子どもの生存率向上，出産間隔の伸長，母子の健康改善，子どもの養育の改善，希望に応じた出生率の低下，そして，貧困削減といった一連の有益な効果を生み出していく．

- 教育はエイズに対する最も効果的な手段の一つである．

　低年齢での学習は，将来の行動の方向づけにおいて決定的である．若い人々は特に傷つきやすく，変化に順応しやすい．このことは保健においても該当し，成年の自殺未遂の3分の2以上は，思春期に身につけた行動様式に原因があるとされる．情報，報道，教育(2)，青少年センターや地域社会を基礎とした各種サービスは，性教育や周産期保健の領域で決定的に重要な役割を演じるであろう．

保健と教育の相乗効果の利用

　教育は保健増進のための基本的な決定要因であるが，保健もまた教育効果達成上の主要な決定要因である．保健は，認知能力や学校教育への参加に直接大きな影響を及ぼす．このため，教育と保健の両部門の政策立案者と職員は，緊密に情報交換をしつつ，公的な学校教育制度とインフォーマルな教育制度の双方を連携して活用するための共同戦略を展開することに共通の関心を持っている．

〔保健増進への公的教育の役割〕

多くの開発途上国の政府は，多様な保健機能を果たす公立学校やその他の教育施設の潜在的能力を認識している．開発機関は，以下で述べる学校保健プログラムの3つの主要な機能への技術的，財政的な援助を増やすことで，開発途上国が保健増進に向けた学校の活用を強化する努力を支援できる．

- 学校を基本とした保健サービスには，予防接種，保健の監視と委託，栄養補給と食糧供給プログラム（給食）等がある．学校は栄養状態の改善のため重要な拠点となる．高い機能を持つ学校保健プログラムは，病気を予防するため最も費用のかからない手段である．しかし，多くの低所得国の現行の保健と教育制度で，このようなプログラムはしばしば機能を果たしておらず，追加的な財源が必要とされている．同時に，教育制度改革，職業教育訓練，関連省庁間と学校間の連携，また保健と教育部門の緊密な協力も必要とされる．
- 学校における保健教育には，保健職員と教員との協働と合同訓練が求められている．保健教育を学校カリキュラムに統合するために，多様なアプローチが利用できるだろう．たとえば，保健教育を理科やその他の適切な科目に統合することや，保健教育を必修で試験を課す独立科目として教えることも考えられよう．いずれの方法をとるにせよ，学科目としての保健教育が教員や生徒から軽視されないようにすることが重要である．教員は保健知識を伝え，健康的な行動を促進する役割を担う．しかし，生徒，特に少女が，教員から性的虐待を受けやすいと考えられる国々では，保健専門家による情報提供が必要であろう．このような国々では，保健専門家は適切な学校カリキュラムを独自に作成し，教員を訓練する重要な役割を担う．
- 学校は地域保健施設としての役割も担っている．特に，農村地域では，学校は子どものいる家庭で行動の変化を促し，基本的な保健概念を導入する一つの手段となりうる．教育と保健は，両部門とも親の参加を動機づけ，学校保

健プログラムを通じた相乗効果によって，効果的な地域参加と福祉を生み出すことができる．こうして，教育と保健は地域の活性化にも一役果たすことができよう．

〔保健増進へ非公式教育の役割〕

多くの貧困者，特に少女や女性は公的な教育へアクセスできない．したがって，公的学校教育制度以外にも焦点をあてることが重要となる．保健増進のための対策は，ストリート・チルドレン，性産業労働者，両親をエイズや内戦で亡くした100万人の孤児など，社会的に弱い立場の若年者にも到達するものでなければならない．非公式な教育と実用的な識字教育プログラムへ保健教育を統合することは，少なくとも弱者集団の一部にはかなり有効となる可能性がある．さらに，マスメディアや友人や知人間の教育の活用は，従来以上の注目に値する．

開発機関への勧告

貧困者の健康を保護し，改善する教育の潜在能力を発展させるために，開発機関は次のような点で開発途上国を支援することによって，保健と教育の相乗効果に投資すべきである．

- 初等教育や女性の識字教育は，最も弱く，最も貧しい集団の保健に決定的な影響を及ぼす要素である．開発機関は，こうした教育関連のミレニアム開発目標の達成を促進する．
- 学校への通学途中や校内の少女の安全確保，また妊娠中の少女の就学継続を可能にするなど，学校内外での女性教育への阻害要因の除去に取り組む．
- 保健改善のための学校の活用をさらに強化する．学校保健プログラムのための技術的，財政的な援助を増額する．保健改善のための学校利用の拡大には，学校を保健教育と保健サービスの供給拠点として，学校体制を強化する

教員と保健職員の共同活動が必要となる．この共同作業には，教員自身の教育訓練，学校カリキュラムへの保健授業の導入，学校給食の提供，学校保健サービスの強化等を含めるべきである．

- 保健教育訓練を非公式の教育や実用的な識字教育プログラムの中に統合する．そして，NGO が非公式な組織として保健教育を実施することが可能となる環境作りを援助する．
- 保健と教育の分野間の関係を改善するために，開発機関内部での保健と教育専門家間の協働を促進させる．

3 食糧確保，栄養補給と保健

　飢餓と栄養失調は，今日の世界が直面している最も衝撃的な問題である．開発途上国における食糧確保は 30 年前に比べて改善されたが，1990 年代には飢餓減少の勢いは減速した．栄養失調の総人口は減少している（特に中国において）にもかかわらず，多くの国々では栄養失調人口は依然として増加している[3]．国際社会では，2015 年までに飢餓に苦しむ人々の割合を半減させることを目標にした活動に専念している[4]．

貧困と保健の主な関連

　栄養失調と食糧不足は，明らかに健康に強い影響を及ぼす．開発途上国では 8 億近い人々が慢性的な飢餓状態にある．その多くは戦闘地域に住み，飢餓状態にある人口の 60％以上が女性である[5]．大部分の飢餓状態にある人々が農村地域に住んでいるが，急速な都市化は大都市圏の貧困と食糧不足の拡大の原因となっている．

　飢餓と栄養失調は，貧困者を疾病にかかりやすくさせ，早死しやすくさせる．田畑を耕し所得を得る人々の生計能力は，飢餓と栄養不良で減退させられ

る．栄養失調は，貧困と発達不良の主な原因であると同時に，結果であり，そして，重要な指標でもある．さらに，病気は食物の栄養素を吸収する人間の能力を減退させる．一方，栄養失調の基本的な原因とその結果への対処に失敗すると，保健改善のための他の領域での努力を無にすることにつながる．

今日，世界の3人に1人が栄養不良であり，その中には特に貧困者や社会的弱者が多く含まれている．5歳未満の子どもの年間死亡者数の60％は低体重によるものであり，1億6,100万人の子どもは発育不全が死亡原因となっている．ヨウ素の欠乏は脳の損傷や知的障害の最大原因であるが，予防は可能である．鉄欠乏性貧血は障害の原因の第二位であり，おそらくすべての母親の死因の20％を占めている．ビタミンAの不足は，毎年多くの子どもの失明や死をもたらしている[6]．

開発機関への勧告

農業開発は，貧困削減と食糧確保の改善のために不可欠である．開発機関は，開発途上国における農業生産の向上と地域開発の促進のための重要な役割を担っている．家族農場の稼得能力の向上，地域の雇用創出，農業以外の事業開発，そして，農産物の価値と品質を向上させることを開発機関は支援することができよう．

しかしながら，都市化は農村と都市の間の境界線を曖昧にする一因となった．つまり，農村地域における貧困者はますます近隣の町で仕事に就きやすくなり，都市で季節労働に従事し，農村家族への送金によって農村地域の所得を補っている[7]．深刻化している都市部の食糧不足に取り組む適切な政策介入が求められている．

飢餓は，食糧の供給量よりもむしろ世帯収入の水準に関係している．食糧確保の改善には，食糧の入手方法を管理すること，そして，世帯の購買力を高めることが本質的な課題となる．政治的に実現可能であれば，土地保有制度の改革を支援することで，貧困削減と食糧確保の向上に大幅に貢献しうる．その他

第3章　主な防貧保健の政策領域

に開発機関が支援できる戦略としては，次のような点が挙げられる(8)．

- 社会的統合の促進

　最も貧しい集団，特に女性の所得を増加させることは，栄養失調の減少に大きな影響を及ぼす(9)．貧困者，特に女性や社会的に排除された集団の要望によりよく対応できる保護制度を作ることを通し，また，性，社会階層，あるいは，民族を理由に経済的，社会的な機会から個人を排除する障害を取り除くことを通し，そうした集団の地位向上と権限強化を促進することが優先されなければならない．

- 農村プロジェクトへの投資

　灌漑，道路の改良，遠隔通信のプロジェクトは，農村地域の貧困者の社会的な弱さを緩和することを可能とする．経済危機の期間には，政府は公共事業による就労プログラムによって雇用を創出することができる．そこでは概して，市場の賃率よりわずかに低い賃金の職に喜んで応じる貧困者に雇用機会が提供される．このようなプログラムの価値は，貧困者にとっては所得支援のみならず，創出されるインフラから受ける便益からも確認できる．

- 社会的セイフティーネットの開発

　社会的セイフティーネットの開発は，貧困線をわずかに上回る貧困者や社会的弱者が貧困に陥ることを回避するために有益である．このようなプログラムを目標化し管理することは難しいが，目標とする食糧確保プログラムは，通常の食糧補助制度よりも費用効果が高い．多くの場合，現金支払いや商品引換券の提供で，一般の市場経路を通じて受給者は必要な食糧を購入できる．こうした金銭の移転は，弱い立場の子どもや妊婦の栄養摂取を目的とした広範なプログラムの一部を構成する．

- 災害と紛争の統制

　災害予防や紛争の早期解決への努力は，飢餓や栄養失調の悪影響を緩和しうる．

収入増は重要であるけれど，栄養摂取に直接介入している国々は栄養失調の削減により高い成果をあげている[10]．目標化された栄養摂取プログラムの成功は，母子の保健プログラムを含んだ効果的な保健サービスへのアクセスが向上されるかどうかにかかっている．学校における保健プログラムの改善は，保健教育や栄養プログラムのために，さらに進んだ方法を提供するであろう．栄養失調や飢餓が最も深刻であるとして，目標化された集団に対して，開発機関が支援すべきアプローチには次のようなものがある．

- 母乳，補助的なミルク，予防接種，下痢，空気感染による感染病，マラリアの治療等の促進を含めた乳幼児のための特別なプログラムを設計する．女性や思春期の少女のためには，妊娠中および授乳期間中の栄養補給として，鉄分，葉酸，ヨウ化塩，補食，微少栄養素の豊富な食事が求められる．また，マラリアやエイズの予防と治療も特に重要である．
- 就学前児童と妊婦にヨウ素，ビタミンA，鉄分の十分な摂取量を確保するために効果的なプログラムを設計し，実施管理することで，微少栄養素の欠乏を予防する．食物や微少栄養素の添加もまた必要不可欠である．世界的に知名度の最も高い事例は，ヨウ化塩である．
- あらゆる保健サービスを保障する包括的な国内政策の開発により，適切な授乳習慣の確立を保障する．6ヶ月間の集中的な授乳期間を保護し，促進し，支援する[11]．
- 難民や国内避難民，他の社会的弱者グループのための緊急時，紛争時，災害時の栄養管理が必要である．栄養プログラムは，予防接種や感染治療のように優先順位の高い保健プログラムと緊密に関連付けられるべきである．緊急事態の食糧支援は，深刻で危機的な状況下において生命を守り，健康を守りうる．食糧支援は，脆弱な市場と深刻な制度衰退の中で，食糧確保が困難な人々に対する目標設定された支援として有効であろう．

4　貧困，保健，環境

　推計によれば，世界中の疾病による負担の少なくとも25%は，環境上の諸条件に起因していると示唆されている[12]．ここでは，二つの領域に焦点をあてる．一つは貧困・保健・環境の関連性が特に強いと言われる，水—公衆衛生—大気汚染に関する領域である．もう一つは，保健の増進や保護のための機会を最大化するために各部門の政策が評価され，改善される領域である．さらに，政策立案者は貧困者の保健に過大な影響を及ぼしうるこの二つ以外の環境上の危険についても考慮することが必要である．

　貧困者は，自宅や職場において，しばしばごみ処理場や焼却炉からの中毒性の汚染物質にさらされている．劣悪な保健状態は，中毒性の化学製品の影響に対する人間の抵抗力をますます低下させる．健康的で安全な職場の環境を保つこと，また，製造，取扱い，保管，処理を含む化学製品の安全な使用のための包括的な政策を一貫して施行することが重要である[13]．

（1）水と公衆衛生
貧困と保健の主な関係

　2015年までに，安全な水を確保できないで生活している人々の割合を半減させること，そして，基本的な衛生を確保していない人々の割合を半減させること，という国際社会によって採択された目標は，すなわち，貧困削減のために水と衛生へのアクセスを改善することの重要性を改めて認識させる[14]．

　約12億の人々が安全な飲料水へのアクセスを欠いており，その2倍の人々が適切な衛生設備を欠いている[15]．水質汚濁は，下痢やコレラ，トラコーマ，オンコセルカ病のような疾病の感染源となる．疥癬やトラコーマの感染は利用できる水の量によって決まるが，澱んだ水はマラリアや住血吸虫を運ぶ病原菌媒介生物のための温床となる[16]．十分な量の水を確保することは，食糧生産にとっ

ても重要である．そして，食糧生産は人間の栄養や保健状況を改善させ，さらに，病気への抵抗力と回復力をも改善させる．

　不衛生は，糞尿関連の疾病の感染を増加させる．特に，コレラなどの糞口の疾病，土壌を解した寄生虫（たとえば，回虫や十二指腸虫），水性の寄生虫（たとえば，住血吸虫病）などの原因となる．さらに，殺虫剤や水銀，鉛，ヒ素などの中毒性化学物質による水や食物の汚染は，毎年何百万件もの中毒を引き起こしている．⁽¹⁷⁾

　これらの疾病にかかる人々の大半は，貧困者である．これらの疾病に起因する死亡者の多くは，5歳未満の児童と，最も貧しい世帯や地域に集中している．ある推計では，都市人口の約半数の人々が常時，水や衛生の供給と関連した一つ以上の疾病を患っていることを示している．⁽¹⁸⁾紛争や緊急事態に際しては，人々はさらに水や公衆衛生に関連する疾病にかかりやすくなる．

　女性は，とりわけ影響を受けやすい．農村地域の女性は，日々水を汲み，その水を運ぶ遠距離運搬に毎日長い時間を費やす．一方，都会の女性は，井戸や給水管からの水を確保するため，行列して待たなければならない．水の運搬は慢性の腰痛，流産，子宮脱出症等の度重なる発症の原因となる．水の供給が制限され，衛生状況が劣悪な生活環境の中での病人介護や，土で汚れた衣服の取扱いは特に危険である．汚物処理が一般に女性の責任であるため，女性は疾病の危険にさらされている．

　公衆衛生の提供が女性にとって重要であるのは，単に身体的な保健のためのみでなく，女性の安全と尊厳のためでもある．女性や少女は家の外で暗くなってからのみ排便が許されるとする文化は，依然として根強い．このことは，女性の身体的な不快，深刻な病気の原因となり，性的虐待に遭うリスクを高める．さらに，学校における衛生設備の不足は，少女の就学を妨げる大きな原因となる．月経開始以降には，特に大きな問題となろう．

開発機関への勧告

　安全な水と衛生設備へのアクセスという目標は，地域，市民社会，民間部門と国際的な開発機関とのパートナーシップの下で各国政府の協調的な活動を通じてはじめて達成されるであろう．政府は，総合水源管理（IWRM）の枠組みを改善する責任がある．その枠組みの中には，優先順位を決定し，需要者間の水の分配をめぐるルール作り，価格設定，民間供給者の規制，適切な法的・財政的手段の開発，特に貧困者の水へのアクセスを保障する政策の企画と施行等が含まれる．総合的な給水管理に関しては，人口の増加，食糧需要の増加，産業の拡充等があるため，水の需要は今後も高まり続けるとの理解に基づかなければならない．

　開発機関は，こうした基本枠組みに沿って，貧困者の利益が反映されることを保障すると同時に，各部門の政策，保健状況の成果，貧困削減戦略の関連等を強化する役割を担うことができよう．また，開発機関は，水や衛生システムの管理や財政の決定に際して，地域代表，特に女性を参加させることの重要性を認識するよう各国政府に働きかけることもできよう．開発機関は主要な政府機関における能力開発を支援することもできよう．特に焦点をあてるべき領域は次のようにまとめられる．

- 企画と管理を容易にし，貧困者が継続的に安全な飲料水を確保できるよう保障する一助として，水と衛生へのアクセス，利用，需要に関するデータを改善させる．
- 貧困者のアクセスを保護する一方で，料金徴収や補助金ばかりでなく，現行の費用を賄うよう水供給の財政への適切なアプローチを開発する．
- 公私のパートナーシップを通して，水と衛生サービスを管理し，拡大させていく際に，民間部門の活動範囲内で，民間部門が果たす潜在的な役割をより明らかに認識するべきである．ある国々では，民間部門の中で非政府組織や市民社会グループは関連サービスの供給者であり，貧困問題を重視している

場合もある．さらに，このような民間組織は，多くの貧困者が頼りにしている小規模な水や衛生の供給施設としての役割も果たしているが，十分には理解されていない．法的，政策的環境が整わない国々では，開発機関は民間部門に有利な規則を制定する手助けをすることができよう．

- 水，衛生，保健，貧困の相互関連性を強調する水供給，公衆衛生，排水，地域教育，衛生実践への総合的なアプローチに関して，地方自治体や国際機関内部で環境部局と公的保健部局との間の協働が必要である．保健分析を政府や開発機関によるすべての環境評価手続きの過程に統合することで，これらの関連性への関心を高めることができる．
- 水質，汚染度，保健への影響を監視するため，地域の潜在能力を開発することを支援する．
- 衛生設備改善の需要を喚起する保健教育や衛生教育を促進する．公的教育と非公式の教育は，地方の実情に応じて設計された保健・衛生促進プログラムの重要な牽引力であり，水と衛生設備改善のための効果的な政策介入の主要な構成要素となる．手洗いせずに食材を取り扱うなどの行動は，たとえ水へのアクセスが改善されたとしても，健康への相当重大な危険を伴う．また，多くのプログラムは，地方の特別な事情に対する十分な配慮に欠けているため，失敗することが多い．

水と衛生の目標を達成するには，開発機関が資源の格差を埋めるための支援をする必要がある．ニーズの推定は著しく異なり，水と衛生に関連する目標達成のために必要な世界的な財政要件について，より正確な推計法を開発するには，さらなる作業が必要とされる．[19] 求められる資源量を想定すると，公的または私的な融資に加えて，開発援助も必要不可欠であろう．

（2）屋内外の大気汚染

屋内外の大気汚染は，貧困者の健康に重大な影響を与える問題のひとつであ

る．貧困は，安価で伝統的な燃料での調理や暖房への依存を誘導する．そして，換気されずに，多人数で混み合う住居は，屋内汚染の原因となる．さらに，都市部の貧困者は高度の工業汚染や交通による汚染にさらされており，彼らの健康への影響が予測される．

〔屋内の大気汚染〕
貧困と保健の関係

およそ30億人が，家庭のエネルギーとして伝統的な燃料を使用し，屋内の大気汚染にさらされている．アフリカのサハラ周辺やアジアの貧困世帯では，経済的な理由から多くの家庭がエネルギー源を動物糞か灯油に頼っている．ガスや電気を使用するのは，裕福な世帯だけである．屋内大気汚染は毎年推定200万人を死に至らしめるが，多くの犠牲者は開発途上国の人々である[20]．最初に被害を被ったのは農村地域の貧困者であるが，都市部での被害者も増加している．

開発機関への勧告

多くの政策が，屋内大気汚染の影響を減らすことに成果をあげてきた．しかし，開発機関のプログラム支援には限界があった．政策の成功は，技術へのアクセスのみならず，それに伴う地域共同体の参画と一体化したプログラムと訓練の分権化された管理によって決まる[21]．開発機関は，より貧しい人々に政策効果が達するために，以下に列挙するような政策による粘り強い努力を評価し，支援すべきであろう．

- 屋内の大気汚染を最も画期的に削減するのは，改良された料理用コンロの普及拡大である．最新の料理用コンロは，伝統的な燃料からの粉塵放出を減らすからである．大幅に改良されたストーブの普及プログラムは，中国の12億人に及び，インドでも発展した．このプログラムに関する評価では，大き

な成果があったことが明らかにされた．燃料の節約といった経済的効果の他に，費用・便益分析では，保健の改善によって年間ストーブ1台によって25米ドルから100米ドルのさらなる節約を生み出したことが証明された．[22]

- 灯油のような燃料の供給の増加によって，よりきれいな燃料の利用が増加した．
- 家庭環境設備を修繕し，換気を改良した．たとえば，料理用の窓は，室内の一酸化炭素レベルを減らすことができる．
- 汚染と病気の関連性に関する理解を広め，調理時間中に子供を煙から遠ざけることを奨励するなどの生活行動様式の変容のためのプログラムを作る．

〔屋外大気汚染〕
貧困と保健の関係

世界で約15億人が都市部において深刻な大気汚染にさらされており，その大多数は開発途上国の人々である．最も汚染されている都市は，開発途上の国々に見られる．その中でも，北京，カイロ，ラゴスの子どもたちは，WHOが定めたガイドラインの最大値よりも2～8倍高い大気汚染の水準を常日頃から経験している．

二酸化硫黄（亜硫酸ガス）と結びついた大気汚染によってもたらされた健康被害のため，毎年400～500万人が慢性気管支炎を新たに発症している．発掘燃料（石油・石炭・天然ガス等）の燃焼と交通輸送手段からの放出物では，都市部がほぼ90％を占めている．不適切な規制，急激な都市化，工業地帯と住宅地の近接，人口密度の高さ等は，特に貧困者の被害の程度をさらに悪化させている．

開発機関への勧告

都市部における大気汚染の健康への影響を語ることは，単純ではない．汚染を抑えるために，技術的，法的，または経済的な手段を上手に活用している

国々もある．しかし，法律に基づいた制度的，また規制的な枠組みを開発する政府の能力には限界があろう．こうした枠組みを発展させるための能力を強化するために，開発機関の支援が必要とされている[23]．

　中国やインドの主要都市では，水力発電所，太陽電池板，（ソーラーシステム），風力エネルギーといったきれいなエネルギーの使用が増加している．交通輸送手段においても，プノンペンやハラーレでは自転車の奨励策を導入した．また，マニラでは，燃料税を増額し軽量の鉄道を建設した結果，ガソリン消費量は10年間で43％相当分が削減された．開発機関は，経済的なアプローチと規制的なアプローチ双方を結合させた多部門のエネルギー政策を促進するため，また，それらの政策が公的部門と民間部門，市民社会との共働を基礎とするよう開発途上国と協力して活動すべきである[24]．具体的な政策には，以下のことを含む．

- 大気の質的管理において，能力開発を支援する．具体的には，経済機関の活用，燃料の品質と価格の管理，そして大気汚染の健康への影響に関する研究等を含む．
- 現代的なエネルギー資源の利用に移行し，より高いエネルギー効率を達成する．
- エネルギー資源の管理と計画のための能力開発に投資する．

5　公的保健問題としての暴力と傷害

　暴力は，世界中の15歳から44歳までの人々の主要な死亡原因となっている．暴力が原因となる死亡者数の90％以上は，開発途上国に属している[25]．2000年には，集団的暴力戦争や大規模な激しい紛争に関係した死亡や傷害，対人暴力，自傷行為といった「暴力」が原因で，推定160万人が死亡してい

る.

　紛争が貧困者の健康や保健サービスに及ぼす影響については，第2章の3で既に述べた．暴力に加え，交通事故は開発途上国における主要な死亡や傷害の原因の一つであり，世界中の交通事故死亡者数の約90％を開発途上国が占めている[26][27]．

　社会的・経済的地位において最底辺の人々は，暴力被害に対するリスクが最も高い．しかも，劣悪な住宅事情，低学歴，失業など，貧困関連の要因によって，暴力被害のリスクは増大する．たとえば，統計によれば，より貧しい女性ほど配偶者から暴力を受ける可能性が高くなり，より貧困な地域の若年者ほど暴力に巻き込まれやすいことが明らかになっている．特に稼ぎ手に対する致命的な暴力は，貧困化を加速化し，被扶養者比率を高める．貧困は保健サービスへの利用可能性を低下させ，傷害は生産性の低下を招き，収入を喪失させる．

　暴力や傷害に対する公的保健アプローチは，予防を重要視する．ここでは，対人暴力と交通事故の2つの事例を取り上げ，貧困者の保健への影響と多部門への政策介入の重要性を強調する．

（1）対人暴力
貧困と保健の主な関係

　2000年には，対人暴力で少なくとも52万人が死亡した．しかし，この数値は暴力によりもたらされた本当の犠牲をあまりに過小評価している．何故なら，命は落とさずにすんだ暴力の多くはほとんど報告されずに済まされているからである．それでも，調査結果では，貧困女性や貧困少女は身体的，性的，精神的な暴力に対して，とりわけ弱い存在であることを指摘している．これらの暴力には，強姦，生殖器の切除，強制結婚，売春，未亡人虐待，高齢女性の軽視・放置，そして新生女児と若い女性に対する殺人が含まれる．

　毎年200万人の女性や少女が生殖器を切除されている．他方，数千人が「家族の名誉」を守るために親族によって殺されている．さらに，毎年推定200万

人の少女が国際的な性貿易の対象となっている．性別や年齢別に整理された統計資料は，暴力の犠牲者となるリスクは，社会経済的階層の低い若年者において顕著に高いことを示している．開発途上国では，女性は強姦や家庭内暴力の結果として，健康な生活年数の5％を失っていると推計されている．

対人暴力の直接的な結果は，傷害から死亡にいたるまで多様である．暴力の影響は女性が保健ケアの利用を拒否される時，さらに深刻さを増す．他方，暴力の被害者は，怪我や病気の後遺症やその他の様々な悪条件により，将来の新たな病気へのリスクも増大させる．特に，性的暴力は，望まない妊娠やエイズを含む性感染症を引き起こす．また，配偶者等からの暴力は，妊婦の死亡原因のなかで非常に大きな割合を占める．暴力による女性被害者は，多くの場合において保健サービスの長期的利用者となりがちであり，結果として医療費を増大させる．

さらに，いくつかの研究では，対人暴力によって生み出される経済的な負担とその保健上の結果を推定した．たとえば，ニカラグアでは，家庭内暴力による女性被害者は，所得へ影響を及ぼす他の要因を考慮してもなお，暴力被害を受けない女性に比べて46％低い収入であった．

開発機関への勧告

対人暴力は，実際に減らすことが可能である[28]．安全で健康的な地域社会の創出のためには，問題についての周知度を高め，予防プログラムの設計と試行を繰り返し促進し，そして，学んだ教訓を共有化することに，政府から地域までの多部門が熱心に参画することが必要とされる．開発機関は以下のような開発途上国の取り組みを支援できる．

- 予防に重点を置き，国内の計画や政策の発展，資料収集の促進，多部門間の連携を通じて，暴力削減に貢献する十分な財源を伴った公的保健アプローチ
- 暴力防止を社会政策，保健政策，教育政策に統合させること

- 暴力被害者へのカウンセリング，心理的支援を提供し，保健ケア，暴力の起こるサインを見つける際に重要な役割を担う保健部門の職員の訓練

（2）交通事故傷害
貧困と保健の関係

　交通事故は，開発途上国において年間100万人以上の死亡原因となっている．世界中では，1,000万人が交通事故で怪我や傷害を負っている[29]．貧困者は，交通事故で被害を受けるリスクがより高い．特に，歩行者，自転車や二輪オートバイの運転者，ミニバスの乗客などは，非常に弱い立場の交通利用者である．こうしたカテゴリーは，開発途上国の交通事故死亡者のおよそ90％を占める．

　2020年までには，交通事故は世界中で第三番目の医療費負担の原因となると推定されている．開発途上国では，交通事故傷害は死亡率や罹患率の第一の原因であり，国の保健制度に巨額の負担をかけている．ある研究によれば，交通事故の傷害者は常に病院ベッドの25％程度を占め，経済的，社会的な帰結として，限られた国家財源を消耗させている[30]．

　安全性の低い乗り物，未整備の道路インフラ，不十分な法律の施行が絡み合って，未曾有の路上リスクの高さを生み出している．精神的衝撃に対する不十分なケア，お粗末な公的保健インフラ，そして限られた応急治療は，傷害を悪化させ，治療ニーズを長期化させ，後遺症障害が残る結果ともなる[31]．交通傷害は，このリスクに最もさらされている低所得層の45歳未満の人に集中しており，以後の生産活動に著しく悪影響を及ぼす傾向がある．

　稼ぎ手の喪失，入院に伴い長期化する莫大な医療費，そして障害による世帯収入の喪失等は，急速にその世帯を貧困に陥れる．この喪失の影響は，大家族には特に大きく及ぶし，また，医療費の支払いや遺族のケアに関して支援しているインフォーマルな地域支援システムへも及ぶ[32]．

開発機関への勧告

　車を使用せず，車にはねられるリスクがかなり高い人々のために，より安全な環境を整えることにより注意を払わなければならない．開発途上国における交通事故のタイプは，先進国の事故のタイプと大きく異なるため，予防戦略を先進国から簡単に輸出することはできない．効果的な交通事故予防プログラムは，いくつかの国々で実行されているが，その多くは試験的な取り組みである．

　開発協力機関は，以下のような効果的なプログラムの評価と反復した実験活動を支援することにより，交通事故の予防に関する取り組みを支援することが可能であろう．

- 病院，保健診療所，警察署における傷害監視システムの支援を通じた情報収集の改善を一例とする多部門アプローチを開発する．保健，警察，交通，教育の各分野の団体は，データ分析に基づいた政策を設計すべきであろう．可能な政策としては，シートベルトの着用や，信号無視を予防する規制，ヘルメットの着用や飲酒禁止を規定する法律の制定と施行が含まれる．
- この問題に関する意識を向上させ，特に児童や被害に遭いやすい道路利用者に焦点を当てた安全策を促進させるために，保健と教育領域の活動を活用する．
- 道路状態の改善や環状交差路や歩道橋などの道路設計上の方法を改善することで，事故を減らすことができる．
- 自動車事故後の莫大な医療費から低所得世帯を守るため，適切な金銭的危機管理システムを開発する．

▶注記◀
（1）少女の初等教育への投資は，あらゆる経済開発プログラムにおいて最も効率の良いものとなる．教育を受けた女性は，自分の子供たちをより学校教育に送り出し，より高額の所得を得，より多く社会に参加し，環境保護に協力し，さ

らにより少なくより健康な子供を持つようになるだろう．少女に教育を否定する社会は，より劣悪な保健状態と低い経済成長を経験するであろう．
（2）情報コミュニケーション技術（ICT）は保健教育にとって価値の高い手段である．保健メッセージの広範な普及のために，地域のラジオ，放送メディア，テレコム等の利用を高めることができる．
（3）FAO (2001), *Press Release 01/69.*
www.fao.org/waicent/ois/press_ne/presseng/2001/pren0169.htm
国連食糧農業機構（FAO）は，飢餓削減が益々減速していると警告した．ほとんどの開発途上国で飢餓人口は増加傾向にあると述べている．
（4）実施状況を測定する二つの指標としては，5歳未満の低体重児童の割合と食物エネルギー消費量が最低水準以下の人口比率がある．
（5）次を参照されたい．
ACC/SCN and IFPRI (2000), *Fourth Report on the World Nutrition Situation,* UN Sub-Committee on Nutrition.
ACC/SCN (2002), *Nutrition : A Foundation for Development,* ACC/SCN, Geneva.
（6）UNICEF(2001), *Vitamin A Deficiency.*
www.childinfo.org/eddb/vita_a/index.htm
（7）World Bank (2002), *Reaching the Rural Poor,* World Bank.
http://wbln0018.worldbank.org/ESSD/rdv/vta.nsf/Gweb/Strategy
（8）同上書．
（9）Smith, L. and L. Haddad (2000), Overcoming Child Malnutrition in Developing Countries : Past Achievements and Future Choices. *2020 Brief No. 64,* IFPRI.
www.ifpri.org/2020/briefs/number64.htm
（10）Alderman, H. et al. (2001), Reducing Child Malnutrition : How Far Does Income Growth Take Us ?, *CREDIT Research Paper No. 01/05,* University of Nottingham.
www.nottingham.ac.uk/economics/credit/research/papers/cp.01.05.pdf
（11）WHO (2002), *Resolution World Health Assembly 55.25 Global Strategy on Infant and Young Child Feeding.*
ここでは，病院や職場で母子を受け入れる地域共同体に刺激される地域的土壌の役割と，母乳代用品に関するマーケティング国際条約の施行とその後の世界保健会議の決議を強調している．
（12）WEHAB Working Group (2002a), *A Framework for Action on Health and the Environment,* United Nations.
www.johannesburgsummit.org/html/documents/summit_docs/wehab_

papers/wehab_health.pdf
(13) ILO の化学条約（170 号条約，1990 年），農業における安全・衛生条約（176 号条約，2001 年），その他の保健と安全に関連する諸条約を参照されたい．
www.ilo.org
(14) ミレニアム開発目標（MDG）の目標 7 のターゲット 10，および，持続可能な開発に関する世界サミットの施行計画（2002 年 9 月 4 日未編集）を見よ．
(15) 衛生は廃棄物の安全な管理を意味する．病院や保健施設自体が危険な廃棄物の源となっており，そのことによって，環境被害をもたらし，貧困者の健康にも影響を及ぼしうる．
(16) 下痢は年間 330 万人の早期死亡の原因となっている．トラコーマは年間 600 万人から 900 万人を失明させている．住血吸虫は年間 2 億人に被害を及ぼしている．詳しくは，次を参照されたい．
WELL (1999), *DFID Guidance Manual on Water Supply and Sanitation Programmes,* WELL Resource Center.
www.lboro.ac.uk/well/index.htm
(17) WEHAB Working Group (2002a) *op. cit.*
(18) WHO (1996), *Creating Health Cities in the 21st Century* Background Paper prepared for the Dialogue on Health in Human Settlements for Habitat II, WHO, Geneva.
(19) WEHAB Working Group (2002b), *A Framework for Action on Water and Sanitation.*
www.johannesbourgsummit.org/html/documents/summit_docs/wehab_papers/wehab_water_sanitation.pdf
(20) WEHAB Working Group (2002a) *op. cit.*
(21) Kammen, D. M. (1995), Cookstoves for the Developing World, *Scientific American,* July, pp. 64-67.
(22) 同上書．
(23) WEHAB Working Group (2002a) *op. cit.*
(24) WEHAB Working Group (2002a) *op. cit.*
(25) 暴力に関するほとんどの統計は次から引用した．
WHO (2002), *World Report on Violence and Health,* WHO, Geneva.
www5.who.int/violence_injury_prevention/main.cfm?p=0000000682
(26) Murray, C. J. L. and A. D. Lopez (1996), *Global Health Statistics : A Compendium of Incidence, Prevalence and Mortality Estimates for over 200 Conditions,* Harvard University Press, Boston.
(27) Kreg, E. (ed.) (1999), *Injury A Leading Cause of the Global Burden of Disease,* WHO, Geneva.

(28) 以下の WHO およびドイツ技術協力局の事例経験から引用した勧告である．
WHO (2002), *World Report on Violence and Health*, WHO, Geneva.
(29) Murray, C. J. L. and A. D. Lopez (1996), *op. cit.*
(30) Andrews, C. N., O. C. Kobusingye and R. Lett (1999), Road Traffic Accident Injuries in Kampala, *East African Medical Journal*; Vol. 76, No. 4 : pp. 189-194.
Hijar, M., C. Carrillo, M. Flores, R. Anaya and V. Lopez (2000), Risk Factors in Highway Traffic Accidents : A Case Control Study, *Accident Analysis and Prevention*, Vol. 32 : pp. 703-709.
(31) Nantulya, V. and M. Reich (2002), The Neglected Epidemic : Road Traffic Injuries in Developing Countries, *British Medical Journal*; 324 : 1139-1141.
(32) Jamison, D. T. (1996), Investing in Health Research and Development, *Report of the Ad Hoc Committee on World Health Organization Health Research Relating to Future Intervention Options*, WHO, Geneva.

第4章

保健計画と監視の枠組と手段

概　要

　開発機関は，開発途上国が行っている防貧保健政策を支援するべきである．そのためには，開発機関は政策対話，財政支援，部門プログラム，プロジェクト，技術協力，債務救済，グローバルな保健活動といった一連の開発協力の手段を信じて実践していくことになる．これらの手段が効果的であるためには，それぞれの手段が貧困削減戦略のように国内で施行されている政策枠組みの中に組み込まれていなければならない．

　さらに，国内の保健部門のプログラムが，貧困者の保健を改善できるように交渉し，支援するために適切な政策枠組みでなければならない．全部門アプローチは，政府主導で改善された保健政策を支援する際に，特に部門間の「整合化」の強化を目指すものであり，その政策の管理，実施，財政方法に関してますます政府の決定に依存している．貧困削減政策や保健部門プログラムの遂行を支援の一環として，開発機関はとりわけ開発途上国の保健制度の実施，保健状況における成果，防貧の効果についての監視を支援すべきである．

1 はじめに

　ミレニアム開発目標のうち保健政策関連の目標達成への支援を行うには，開発途上国との長期にわたる関係が必要となる．開発機関は，開発途上国が独自に行っている防貧保健政策を支援することができ，様々なアプローチ間の一貫性を確保するため他の2国間か多国間の制度と「整合化」することができるようなパートナーシップの構築を重要視すべきである．

　この目標のために，開発機関は，政策対話，財政支援，部門プログラム，プロジェクト，技術協力，債務救済，グローバルな保健活動といった一連の開発協力の手段を実践している．これらの手段を効果的にするためには，政策の目的を重視しつつ，優先順位の設定を支援できる合意に基づいた政策枠組みの中に各手段が組み込まれていなければならない．アーチ状になる枠組みは，以下で述べる国内の貧困削減戦略となる．

　さらに，保健部門のプログラムはこの部門独特の優先順位について交渉し，支援するために，また，貧困者の保健を改善できるような政策に関して対話するために，適切な枠組みを持っている．全部門アプローチがこうした脈絡の中で議論されるのは，このアプローチが改善された政府主導の保健政策の支援協力の強化を目指しているため，そして，アプローチ自身が管理，施行，財政方法について益々政府に依存してきているためである．

2 防貧保健のための開発協力手段

　それぞれの開発協力の手段には，長所と短所がある．各国の事情に合った手段を組み合わせて活用するべきである．現在議論されている問題は，第一に開発機関全体，そして，各開発機関にとっての各手段間相互のバランスである．

- 国際的な救援形態の流れが，プログラム支援や財政支援に対して逆流方向にあるため，国内で開発された政策に基づいて，国内の制度や手続きに根ざした，政府主導のアプローチに次第にシフトしていく機会が訪れている．しかしながら，救援形態が益々逆流に進むほど，開発機関は次のようなことを確信するはずである．

  第一に，政府の政策と保健と貧困削減のための財源の配分に関してコンセンサスがあること．第二に，プログラムを遂行する能力と義務があること．第三に，予算が保健部門の支出枠組みの中で合意のとおり支出されることを保障する財政制度とその実施・管理制度があること．そして第四に，貧困者の保健に関して期待される成果を明らかにする適切な報告と監視制度があること．

  逆流の中で，財政支援は基本的な政策や配分問題に向けられ，能力拡大や政策改革への大規模な投資を要求する．このように，保健上の成果を得るためには，開発パートナーによる長期的な努力が必要となる．

- 現在，流行しているプロジェクト支援は，目標にされる弱いグループに対して即座に目に見える利益を生むことができるものとなっている．しかし，それらは保健サービスの供給，あるいは，貧困問題に横断的で根本的な制度上の問題に必ずしも取り組むことができない．

  開発機関は，プロジェクトが保健部門のプログラムに統合され，保健サービスの提供を計画し，施行していく国内の遂行能力を高めなければならない．ばらばらの施行協定を持つ小規模プロジェクトの乱立は，開発途上国の限られた能力を酷使するため，回避されるべきであろう．

3 貧困削減戦略と保健

『貧困削減戦略報告書（PRSP）[1]』の作成段階で貧困削減が強調されたことは，防貧保健プログラムが草案され資金提供された過程に大きな示唆を与えることができた．大雑把に言えば，貧困削減戦略は防貧保健の目的と他部門の政策の間の実践的な関係を理解するための重要な枠組みを提供することができた．以下で示されるように，防貧保健政策を促進するための貧困削減戦略の潜在的な可能性が実現されるためには，多数の挑戦が実行されなければならない．開発機関は，特に次に掲げる活動を支援できる．

- 貧困削減戦略の体系化の過程に保健の後援者団体を参加させ，その団体の能力を政策決定に反映させる．開発途上国が貧困削減戦略を導き，発展させ，独自の貧困削減戦略を持つにはかなりの時間を必要とする．政府レベルを越えた市民社会との協議は，貧困削減戦略にとっても実質的に重要な部分を占めるはずである．

  政府内部での貧困削減戦略の展開は，主に財務省，経済産業省，経済企画庁，あるいは大統領府（内閣府）といった関係官庁に基礎を置いた少数の集団によって導かれている．このことは，貧困問題の重視が政府の最上層部でも受け入れられていることを表している．なお，各部門の閣僚が貧困削減戦略の展開で十分な役割を果たせる仕組みを作って，バランスを保たなければならない．保健省の閣僚は，開発全般を通じてまだなんら大きな貢献を果たしていないし，場合によっては，保健領域においてさえも貢献していないと『貧困削減戦略報告書[2]』は示している．開発機関は，開発に貢献する閣僚の能力を拡大するための支援をするべきである．また，開発機関は市民社会（議会，地方自治体，地域共同体組織，女性保健の弁護団体，労働組合，および民間部門等）の保健への関心を高揚させ，政策選択や優先順位に反映させる努力を支

援すべきである．
- 保健増進と貧困削減の因果関係を強調する．大部分の貧困削減戦略は保健を貧困の一側面とみなし，多くの戦略が開発や成長に対する保健改善の重要性について直接，あるいは，間接に言及している．実際に，保健政策は貧困削減戦略において中心的な戦略構成要素として現れている[3]．しかし，大部分の貧困削減戦略は，その因果関係について十分徹底的な究明をしておらず，言及さえしていないものもある．
- 保健部門プログラムと男女平等政策との関係を改善する．今までのところ，貧困削減戦略，保健部門のプログラム，男女平等政策の相互の関連は弱かった．貧困削減戦略は各部門の詳細な分析をすることを制限してきたし，明確に優先順位を設定したり，難しい決定を強要される際には，かなり不明瞭な部分がしばしば存在した．さらに，政策間で対象のミスマッチがしばしば見られ，ある政策の主要な対象が別の政策の対象に掲げられないこともあった．開発途上国が，保健と男女平等と貧困削減戦略の相互関連を明らかにする際に，開発機関は次のような貢献ができるであろう．
    * 提案された成果を達成するための強力な戦略を持ち，貧困削減戦略の目標と対象が，保健部門プログラムや男女平等に関する国内政策の枠組みに反映されることを保障すること．
    * 貧困削減戦略を周知させ，男女平等や貧困分析に関する保健省内の能力を拡大するために，保健部門に特徴的な分析の利用を奨励すること[4]．
    * 貧困者の保健に大きな影響があると考えられる多部門戦略を開発するために，水，公衆衛生，教育，栄養部門を管轄する省庁や女性関係の省庁を含め，保健省と他の省庁間の関係を強化する貧困削減戦略の枠組みを利用すること（第3章をみよ）．
- 保健の観点から，貧困削減戦略の付加価値を調査する．貧困削減戦略は，既存の保健部門のプログラムに取って代わることはできないし，また，そうすべきでもない．しかし，保健状況の向上が貧困者の生活自体を改善する効果

を持つ保健プログラムに，貧困削減戦略は新鮮な眼差しを向けている．開発機関は，単に既存の国内保健プログラム内で認知された防貧政策を描き出すだけではなく，むしろ貧困の視野から既存の保健戦略を再評価する最初の一歩として，貧困削減戦略の過程を利用するように，各国政府と共に行動すべきである．

4 保健部門のプログラムとその貧困削減効果

　国内の保健政策の支援に際して，保健部門のプログラムは開発協力を切り開くために重要な枠組みを提供している．保健部門のプログラムは，特定プロジェクトから保健プログラムを組み込んだ全体予算の支援に至るまで，あらゆる領域の援助手段によって支援されている．保健部門のプログラムは，貧困者の保健改善をもたらしうる政策に関する対話に開発機関が参画することを容認している．

（1）防貧目的に焦点をあてた保健部門プログラム

　貧困者の保健ニーズや優先事項に対応するために，各部門のプログラムは防貧の目的とアプローチをはっきりと強調することが求められている．このことは，開発機関が強調すべき以下のような方法によって達成することができる．

・貧困者の保健改善のための政策決定は，貧困と男女平等に関する厳密な分析に従うべきである(5)．たとえば，貧困者はどのサービスを何故利用するのか，サービスへのアクセスとその効果に性別がどのように影響するのか，また，優先事項に対応するためにどのように基金が形成されるのかについて，より深い理解がなされるべきである．

　開発機関は，国内の管轄省庁内部と外部組織の両方において，この領域に

おける能力開発を支援すべきであるし，貧困と男女平等の分析が当該部門の計画と，その政策実態の監視に組み込まれることを保障し，その結果について開かれた対話を奨励すべきである．国内政府の強い権限が，防貧保健や男女平等のような，行政にとってまだ優先事項となっていない問題に関する議論を締め出すべきではない．国連の会議において合意されたように，政策対話は国際的にも優先事項の一つとして周知されているところである．[6]

- 対応力のある保健制度とは，政策の立案者と政策の受益者間のダイナミックな対話を前提条件とする．保健部門のプログラムは，必ずしも利害関係者の参加を規定していない．しかし，地方自治体，NGO，地域団体，労働組合，女性団体等のような既存の組織を通じて，また，貧困者の意見や利害表明が困難であったり，代弁者の少ない集団の意見を聞くように設計された独創的なアプローチを通じて，保健部門の計画から評価にいたるすべての過程における相談と参加が継続されることを，開発機関は保障しなければならない．

- 保健部門プログラムは，貧困者（特に貧困女性）に直接的に最も影響を及ぼす政策やサービス（たとえば，初期保健ケアや基礎的な産科ケア等）を含むべきである．また，資金提供が貧困者の利用するサービス全体の財源に直接影響する政策も部門プログラムに統合されるべきである．たとえば，病院内教育やエイズの予防・治療・支援プログラムのための基金もこれに該当するだろう．理想を言えば，保健部門プログラムは貧困者にかかわりのある主要な領域における包括的な適用に向けて進んでいくべきである．つまり，公的保健プログラム，保健サービス，保健財政，社会保護等の領域である（第2章，第3章で論じた）．

- 適用対象は公的部門に限定されるべきではなく，民間部門やNGOにも適用されるべきである．民間保健部門の貢献は，しばしば，政府との関係を改めて定義づけることを要請する（第2章を見よ）．開発機関は，政府制度を通してNGO基金を再度誘導していくことによって契約形式に基づいた関係を奨励しようと考えている．しかし，開発機関は，しばしばNGOの優れた特徴

である先駆性や革新性への影響，そして，少数勢力や特別な利害関係団体のための資金提供サービスに対する政治的な受容性への影響を考慮すべきである．
- グローバル保健活動（GHIs）は，保健部門内のプログラムに統合されるべきである．グローバル保健活動は，貧困者の保健を改善すると想定されるプログラムに多額の資金を提供している（第2章を見よ）．しかし，グローバル保健活動の不連続な政策上の立場や垂直的な資金提供の形式は，国内保健の計画過程への統合をより困難なものにしている．グローバル保健活動が国の独自性，あるいは，計画や財政管理の能力強化を歪めないように開発機関が保障するべきである．こうした保障は，次の方法によって達成できる．

 第一に，グローバル保健活動が貧困削減戦略の過程，国内保健戦略，そして，中期支出枠（MTEF）に確実に組み込まれること．第二に，グローバル保健活動の貢献と国内の政策責任体制との間の不整合な領域にも踏み込み，財政や監視，評価の共通する手続きを活用すること．第三に，グローバル保健活動の調整を，国内での保健省の管理構造，年次保健評価，監視体制と連結させること．
- 保健部門プログラムは，分権化された制度として，より注意深く設計され，管理されながら遂行されなければならない．地方分権化は，貧困者のニーズに応じ利用可能なサービスの要として，他の部門同様に保健部門においても多くの国々で実践されている．しかし，保健部門プログラムは中央政府と交渉されるものであり，相談に加わるのが地方自治体である．部門プログラムは，一般的には貧弱で責任不在で代表性のない既存の制度的な調整に従うことになる．開発機関は，部門プログラムが地方分権化を推進し，適切なサービス供給を行う地方の能力を拡大させることを援助することができよう．

（2）保健計画作成と供給への全部門アプローチの活用

 保健における全部門アプローチは比較的新しく，「整合化」を強化すること

を目指している点で注目に値する．全部門アプローチとは一つの保健部門のプログラムであり，前述のように二つの特徴がある．第一に，開発途上国政府が明確にプログラムを指導し，保持している．第二に，政府の統一的な政策や支出計画を支持して，当該部門のすべて，あるいは，大部分の資金提供を含み，プログラム支援のために外部組織と連携した活動が展開される．特定の全部門アプローチは，時間をかけて基金の形成や支出に際して政府手続きを利用する方向で進展している．実際に，大部分のプログラムは，プログラムへの多様な資金提供の経路を作り，部門の適用対象をより包括的なものに拡大し，現在進行中のプロジェクトを当該部門の優先事項の一環として位置づけ，共通する手続きを開発しながら，管理運営に関して政府の信頼性を高める過程にある．

全部門アプローチが適切である場合，このアプローチは開発途上国における地域参加，責任，能力の拡大を促進する一助となりうる．全部門アプローチは万能薬ではないが，主要な前提条件が満たされている時にのみ必要性が指摘される．全部門アプローチの利用の決定は，開発途上国内で，特にマクロ経済政策および制度上の環境の諸条件を注意深く評価した結果として下されなければならない．

- 全部門アプローチが防貧保健を促進するために適切である環境とは，以下のようなものである．
    - ※ 開発途上国は貧困削減戦略を発展させており，その実施に専念している．
    - ※ 開発機関および各国政府は，防貧保健アプローチを促進するための政策と優先事項について合意に達することができる．
    - ※ マクロの財政的な支援を伴う環境があり，すべての関係者が自信を持って政府財政に同意することが防貧保健アプローチの促進のために有益となろう．
    - ※ 会計と信託財産に関する取り決めが透明である．

※ 外部から保健部門への拠出金は，問題となりうる「整合化」にとっても開発機関による政策への影響を期待する政府にとっても十分に大きい額である．つまり，政府は開発協力の管理を先導することが，破綻した機関の基金を取り崩すより有益であると理解するべきである．

※ 開発機関には，管理，監視およびある程度までの資金調整へのアプローチを，あらかじめ「調和化」させるような保健部門での活動についての限界がある．

全部門アプローチは，本来，政府が開発機関に対して明らかに強いリーダーシップを持つ関係を，変更できるようなパートナーシップを必要とする．政府と開発機関は，政策の策定過程にあってはより緊密な協力関係を，政策の施行過程ではより緩やかな協力関係となるべきである．こうしたパートナーシップが前提とするのは，以下のとおりである．

つまり，相互信頼と強い意志の雰囲気を作り出すこと，問題に取り組む際の責任の共有，共同責任の受容と結果責任究明の放棄，積立金処理を開発機関が規定し管理するのではなく集団的に管理すること，そして，金融制度上のリスクの増加を受け入れること，である．

政府の関与と責任能力を促進させ，政府内の受容能力を拡大させ，全部門アプローチの開発を容易にする独自の活動を変更させていくための投資という視点から見れば，これらの諸条件は開発機関が挑戦すべき課題を示している．

- 国の関与および責任能力を促進する．政府の強い関与は，明らかに全部門アプローチの一つの目標である．政府が保健を改善し，貧困問題に取り組む際にリーダーシップを発揮しようとするならば，政府の強い関与は不可欠である．全部門で統合された計画作成（断片的で孤立したプロジェクトから統一された制度へ）の過程は，政府の関与および管理統制を強めるために重要なものとなる．

詳細な施行方法を伴った強力な指導と関与があった従来の活動形態から離れ，意図された成果とそれらを達成するための方向付けに焦点を絞ることが，開発機関に求められている．資金がどのように使用されているかに関しては，開発機関は法的なかかわりを持つ．つまり，部門プログラムの年間評価の過程を含み，遂行指数に合意し，適切な管理制度を構築することから開発機関は取り組むべきである．責任能力を改善するための新しいパートナーシップは，計画の実施を保証する一方で，政府の関与を容易にするのである．つまり，以下のような内容を含むものである．

支出の用途，予め確定された実施基準に従った漸次的な出資，共同の年次評価，合意された実施目標を示した「覚書」，そして，「合意議定書」や「行動規範」の中で述べられた基本原則．

- 政府内の受容能力を構築する．全部門アプローチの主要な目的は，政府内の受容能力の構築である．つまり，政策立案と施行に参画し，導き，履行し，維持する能力が問題となる．このことは，保健省の管轄を越えた政府中枢の能力へ投資する機会をもたらす．保健省を窮地に追い込んだ大きな問題のほとんどは，より強力な他省庁の側に存在した．したがって，開発機関は，政府とより広い範囲に渡って共同して活動し，スタッフの任命から実施，管理，財政，会計，資材調達といった諸問題に取り組まなければならない．

また，開発機関は技術的な伝達を超えて展望し，能力開発への投資を分かち合い，ミクロの活動から脱却し，より基本的な問題に大胆に挑んでいかなければならない．全部門アプローチが開発機関を詳細なプロジェクト管理から解放し，より大きな政策問題に関して新たなパートナーシップを構築するには，より良好な対話を必要とする．

- 開発機関の実践活動を変更する．全部門アプローチの助けとなる環境を創出するための最大の挑戦は，開発機関の従来の行動様式と実践活動を変更することであると多くの開発機関は認識している．全部門アプローチを支援するためには，開発機関が「整合化」に参加し，部門の戦略にまで加わり，報告

においてもある程度の「調和化」を受け入れ，進行中のプロジェクトを政府が指揮することを次第に認めつつ，代替可能な財源調達方法にも参加することが必要となる．開発機関が個別の報告や管理システムを堅持する場合，全部門アプローチは政府の関与と責任能力を拡充させる潜在的な可能性を引き出すことはできない．全部門アプローチは，国民に対して開発機関の責任を果たさなければならないし，同時に，開発途上国が受ける外部資金については各国国民に対する開発途上国政府の責任を強めなければならない．そのことは，より大きな資金の管理能力と結果責任を要求する．

全部門アプローチが持続可能でなければならないとすれば，開発機関は従来のように当面の結果を求める自らの要求に抵抗しなければならない．開発機関が使用する短期指標が強調される伝統的な監視システムにおいては，進歩は直ちに認識されないであろう．しかし，保健部門プログラムは，開発機関も開発途上国政府も使用してきた，単なる過程を越えるものを測定する厳格な監視を組み込むことが必要となっている．

開発機関の問題は，プロジェクト支援を中止して，もっぱら全部門アプローチに，あるいは，総合的な財政支援に移行するか否かというものではない．むしろ，開発機関が個別に，あるいは，組織として直面する挑戦は，国レベル，また，グローバルなレベルで，プロジェクト支援・全部門アプローチ・総合財政支援の3つの選択肢の間の適切な組み合わせ（二者間の選択とグローバルプログラムを通じた支援という考え方もある）をいかに決定するかである．このことは，継続して注目し，共同で学習するに値するものである．

5　測定と監視の進展

(1) 保健制度の施行状況と保健成果の測定

　貧困削減戦略および保健部門プログラムの実施活動の一環として，開発途上国は保健制度の施行状況とその保健上の成果，さらに，その防貧効果を測定しなければならない．一方では，開発協力での財政支援への動きに伴い，保健を改善するために保健以外の部門からの政策介入が増しているという認識が高まり，保健上の成果に焦点を絞ることが必要とされている．他方では，防貧の観点から保健制度の施行状況が監視されなければならない．それには，資金投入とその過程を追跡する一連の指標が必要となる．

　統計制度は，開発途上国において一般に脆弱である．多くの低所得国では，登録システムの機能を欠いており，死因および疾病の発生率に関するデータは，多くの場合存在しない．これらの国々では，保健政策の影響を測定できる基本的推計はほとんど存在しない．さらに，再分類されたデータ（性別，所得階層別，地域別）の不足は，保健部門内外での貧困者の保健に関する政策の影響を把握することを困難にしている．

　データが利用可能な場合でも，しばしばデータの管理が不完全なまま使用されている．全国的な計画および実施システムは，プログラムをより有効に実行するために情報管理システムから得られたデータを利用する組織的土壌をほとんど培ってこなかった．全国統計局，あるいは，他の政府省庁によって作成された貧困データは，しばしば保健省によって作成された保健データと結合されていない．保健省以外で行われた人口・保健調査（DHS）や生活水準測定調査（LSMS）のような情報システムは，全国的な保健管理情報システムにほとんど活用されてこなかったが，これまでの保健データの不備を部分的にではあるが，埋めることができる．

（2）ニーズの構造に応じた的確な監視システム

保健制度の実施状況や防貧保健の成果を測定するには，以下のような対応力のある情報システムを必要とする．①ジェンダーを含む貧困と保健の決定要因の分析，②現実的な定量目標と（モデル化された）基準，③基準線のデータ，④計画段階で開発された指標による（入力，出力，結果に関して）政策とプログラムの監視，⑤便益因子分析，⑥影響評価，⑦フィードバックのメカニズム

- 開発途上国は，多くの目的から健全な監視システムを必要とする．証拠に基づいた計画，責任，代弁，コミュニケーション，そして，資源動員のいたるところで，情報は必要である．財務省や経済企画庁は，予算を正当化するため，国の貧困削減戦略の進捗状況を評価するため，そして国際的な責務として報告するために，すべての部門の実施状況を概観することが要請される．
- 監視システムは，国内および国際的な要請と義務を調和させなければならない．国内の意思決定のため，そして，貧困削減戦略と保健部門プログラムの施行監視のため，国内データの収集と分析を強化することが，監視システムの主要な目的とならなければならない．しかし，各国はまた国際的な義務をも有する．

たとえば，決められた伝染病が発症した場合は，国際的な義務としてそれを報告しなければならない．さらに，（18の課題と48の指標を伴い）8つのミレニアム開発目標と，特に，表2に示されるような保健に関係する3つの目標に密接に関連するいくつかの重要な指標を監視することの重要性について，益々広範な合意が形成されつつある．そうなると，それぞれの国のミレニアム開発目標の監視が，国内の現行監視システムに統合されることが重要となるであろう．

（3）統計と監視の能力を強化する協働

防貧保健の支援に関して，統計のインフラと制度を強化するには，多大な努

表2．保健関連のミレニアム開発目標

ミレニアム宣言の目標と対象	監視改善の指標
目標4：児童死亡率の削減	
対象5：1990年から2015年間に5歳未満の死亡率を3分の2に削減する	・5歳未満の死亡率 ・乳児死亡率 ・1歳児のはしかの予防接種割当
目標5：母性保健の改善	
対象6：1990年から2015年間に，母親死亡率を4分の3に削減する	・母親の死亡率 ・技術のある保健職員が立ち合った出産の割合
目標6：HIV／エイズ，マラリア，他の疾病の撲滅	
対象7：2015年までに終了し，エイズ蔓延を阻止させる 対象8：2015年までに終了し，マラリアや他の主要な疾病の発症を阻止させる	・15－24歳の妊婦におけるHIVの流行 ・避妊実施率中におけるコンドーム使用率 ・HIV／エイズにより孤児となった児童数 ・マラリア関連の流行および死亡率 ・マラリアリスクの高い地域におけるマラリア予防および治療のために有効な方法を使用している人口割合 ・肺結核に関連した流行と死亡率 ・直接観察治療，短期間（DOTS）によって発見され治療された肺結核ケースの割合
目標8：開発のための世界的パートナーシップを開発する	
対象17：薬品会社との協力により，開発途上国おいて購入可能な重要な薬品へのアクセスを提供する	・持続可能な基準で，購入可能で，重要な薬品へのアクセスのある人口割合

［注］避妊方法のうちコンドームだけがエイズ感染の削減に有効である．避妊の普及率もその他の保健，ジェンダー，貧困目標の継続的な進展にとって有効である．
［資料］世界銀行（2002）

力を要する．貧困削減戦略の定式化，施行，監視を統合した「整合化」アプローチを通じて，最善のインフラや制度が準備される．

プログラム支援と財政支援へ向けての緩やかな移行は，既存の監視制度間の格差を強調している．多くの開発機関は，資金を保健上の成果として具体的な改善に結びける結果主義に基づいた支援に向かって推移している．ワクチンと免疫のグローバル同盟（GATS）とエイズ・結核・マラリアのグローバル基金

(GFATM)のような新しいグローバル保健活動は，活動の成果を強調する．多数の監視制度が効果的な国家主導の制度に組み込まれていること，そして，援助の誘引を目的とする疾病負担の過剰な報告や，資金を維持するための成果の過剰報告のような邪悪な動機付けが回避されていることが重要である．

政策立案者，分析者，統計学者のパートナーシップの具体化である「パリ21」[7]コンソーシアムは，統計制度の強化，そして，低所得国に焦点を当てつつ，長期的にはすべての国々において実証分析に基づいた政策立案と監視の文化を促進することを特に重視している．こうした活動が，透明性，責任，統治の質の向上に寄与するであろう．

保健制度の実施状況や防貧保健の成果を監視する適切な指標を選別する作業は，これまで多くの開発機関によって着手されてきた．たとえば，英国国際開発省（DFID）は，EC，世界銀行，アメリカ国際開発庁，その他の機関からの参加を得て，2003年から2009年にわたる共同プログラムを先導している．その目的は，貧困と保健を測定し，保健制度の施行状況を監視し，そして，防貧保健の成果を達成すべき目標に照らして，貧困削減戦略や保健部門改革を評価することである．

世界中のすべての開発途上国に保健の成果を定期的に報告しているWHOの中核的な機能の一つは，各国が保健情報制度を強化することを手助けすることである．WHOは各国がそれぞれの保健情報制度における重大な不備の改善を支援することを目標とし，現在，世界保健調査を実施している最中である．また，WHOは保健情報のための5つの質的基準を提唱することで，通常の測定に使用されている指標の有効性の確認過程を改善することに取り組んでいる．5つの基準とは，有効性，国民と国家を超えた比較可能性，信頼性，監査審理，各国の批准，である．

（4）進展した監視下での開発協力の指導原則

開発途上国が，効果的な監視制度を構築し，貧困者の保健の改善に向けた進

展を測定する努力を支援する際，開発機関は以下の指導原則を考慮するべきである．

- 可能であれば，既存の制度を依り所として再構築して活用する．類似した制度を並行して作ることを避ける．すなわち，いかなる努力も，国の能力と国の関与を補強するものでなければならない．ガーナ，モザンビーク，ウガンダのように，保健に関する全部門アプローチが行われている多くの国々では，保健上の成果を監視するための基準として，既に20にわたる全部門指標が選択されている(8)．
- 保健成果の測定と保健制度の施行状況の監視は，等しく重要である．保健の成果に益々焦点を当てる傾向にあるが，アクセスや公平性，公正な財政を確保することで，保健制度の貧困対策としての効果を監視することも必要である．その際，医療が求めている診察様式，支払い許容額／支払い能力，男女平等な利用，効率性，サービスの質，財政的利用可能性，そしてミレニアム開発目標に適合する進展，といった変数も監視する対象に含んでいる．新たに介在する指標には，保健部門の過程を貧困対策結果にリンクさせることが要請されている．提案されている指標が，信頼でき，比較可能な方法で測定できることを保証するためには，まだ多くの作業が残されている．
- 手順の「整合化」，共同作業，「調和化」が重要である．中期計画や年間計画において，また開発機関の国内戦略においても同様に，貧困削減戦略や保健部門プログラムの指標は，首尾一貫していなければならない．すべての開発機関と関係者が承認する中核的な国際指標とガイドラインが利用されるべきであり，また，数少ない適切で実践的な変数に焦点を当てるべきであろう．提供された情報は，政策過程での要件と行政からの需要を満たすものでなければならない．指標は適切で，測定可能であり，過去の変化を追跡することができ，データ収集が安価で，他の追加的な作業負担がないものとすべきである．しかしながら，結果に基づいた支出に向けての大きな流れは，追加的

な資金を生み出すための誤った誘引を作り出すだろう．
- 公的部門内外で国の情報管理能力を拡大するために投資する．政府と市民社会の枠を超えた業績評価のための共同作業を促進する．すべてのプログラムは，監視と評価（M&E）活動のために適切に予算計上するべきである．この原則は，貧困削減戦略の過程の中にも優先的に組み込まれるべきである．国民保健情報システムは，独立した大学や他の調査機関に外注することで補足されるべきである．いくつかの国々では，既存の監督機関や人口研究所は拡張が可能であるし，人口・保健調査（DHS）のような特別な調査も最大限に活用できる可能性がある．
- 統計としての質と完成された代表的なデータ収集の費用は，トレードオフの関係にあることを容認する．代替的な測定を利用し，多様で補足的なデータ情報源から全体像を組み立てる．いくつかの手堅い量的指標と質的に高い過程の指標を伴って着手する．各国は，中期から長期においてデータシステムに資金を提供しなければならなくなるだろう．2つか3つの中核的な指標に焦点を置くように限定されたシステムは，包括的なシステムより持続可能性が高いであろう．加えて，すべての主要なデータ，あるいは，日常の情報システムさえ，毎年測定される必要はない．つまり，断続的な監視が，いくつかの主要な変数に関しては適している．

注記

(1) 世界銀行や国際通貨基金から特権的な支援を受けているすべての低所得国に対して，国内の貧困削減戦略文書が要求されている．その戦略は国内，そして，各部門の債務救済支出のための道筋を準備しており，貧困に焦点を当てたプログラムのための外部資金拡大の可能性を秘めている．
(2) WHO (2002), *Health in PRSPs - WHO Submission to World Bank/IMF Review of PRSPs,* December 2001.
(3) WHO (2002), *PRSPs - Their Significance for Health,* STU/PRSP/02.1, October 2002.
(4) ここでは次のような資料を利用している．ジェンダーアセスメント研究（ミクロ／メゾ）のガイドライン，制度的な部門と組織分析（メゾ）のためのジェ

ンダー・チェックリスト，ジェンダーを意識した予算分析のためのガイドライン，ジェンターのための参考資料，マクロ経済学的部門分析．
World Bank (2002), *A Sourcebook for Poverty Reduction Strategies,* Vol. 1, World Bank, Washington.
（5）男女平等に関する開発援助委員会（DAC）の作業部会は，男女平等と全部門アプローチに関するガイドラインを作成した．そこでは，貧困や男女平等と中期的な支出枠組のような手段の関連性が強調されている．特に，このガイドラインでは，保健部門プログラムにとって以下のことが必要であると記している．まず，包括的な男女平等の概念の確立に向けて運動すること，男女平等の部門内統合を国内の枠組みに関連づけること，男女平等のための制度構築と能力拡大を実現すること，そして，部門の作業における男女平等に関する開発機関の支援を調整すること．このことは，ジェンダー分析の能力がしばしば劣りがちな保健部門において特に必要である．
OECD (2002), *Gender Equality in Sector Wide Approaches : A Reference Guide,* Development Assistance Committee, OECD, Paris.
（6）以下の会議を含む．1994年の人口と開発の国際会議，1995年の社会開発のための世界サミット会議，1995年の第4回世界女性会議，2000年のミレニアムサミット会議．
（7）パリ21は，指標と統計的能力育成に関する国連国際経済社会理事会（ECOSOC）の決議に対する答申として，国際連合，経済協力開発機構（OECD），世界銀行，国際通貨基金，そして欧州共同体のイニシアティブで，1999年11月，パリで開催された会議で始められた．
（8）ガーナでは，アクセス，質，効率性／有効性，パートナーシップ，資金供給という観点から，入力（投入），出力（産出）と結果を評価する指標が25ある．次を参照されたい．
Accorsi, S. (2002), *Measuring Health Sector Performance Through Indicators : Toward Evidence-Based Policy : A Review of the Experience of Performance Monitoring in the Framework of the Sector-Wide Approach in Ghana,* (Unpublished Paper), European Commission, March 2002.

第5章

政策の統合とグローバル公共財

概　要

　貧困者の保健問題は，一国の国境内に留まってはいない．グローバル化する世界は保健部門に新たなリスクをもたらすと同時に，疾病を予防し，処置し，抑制する新しい機会も準備している．開発機関と開発途上国は，グローバルに共同作業する方法を強化すべきである．一つの方法は，すべての国々のすべての人々の利益を許容できるような保健部門でのグローバル公共財（GPGs）の開発を促進することである．

　この方法には，貧困者に最も影響力の強い疾病に焦点を当てた医療の研究開発のような活動を含む．加えて，商品やサービスの貿易や多国間貿易協定も貧困者の保健に影響力を益々強めている．知的財産権（TRIPS），貿易とサービスに関する一般協定（GATS），そして，危険物の貿易に関連する協定は，特に重要である．

1 はじめに

　貧困者の保健問題は一国の国境内にとどまらない．グローバル化する世界においては，モノやサービスと同様に人や情報もスピードを増して楽々と国境を越えて移動していく．エイズの急速な普及や生物化学兵器の脅威に示されているように，グローバリゼーションは保健にとっても新たなリスクとなりつつある．しかし，グローバリゼーションは，疾病を予防し，治療し，抑える新たな機会をも提供している．各国政府は地域レベルや世界レベルで活動をともにして，保健への共通する脅威に対抗するために，共同して活動できる新しい手段を考案しなければならない．

　国内レベルでは，一貫した貧困削減戦略は保健領域での成果とミレニアム開発目標とに焦点を合わせており，貧困者の保健と保健制度の運営に関する他のすべての領域における政策と計画を含むものである（4章参照）．

　この貧困削減戦略は，保健支出に充当される公私財源と同様に，貧困者の実質所得や保健を左右する商品やサービスの価格に影響を及ぼす経済政策や財政政策をも含むものである．さらに，商品やサービスの国際貿易を管理する法律や政策は，貧困者や貧困国において薬品のように健康に欠くことのできない商品の有効性，供給可能性，購買可能性を左右する大きな役割を担う．

　第5章は，貧困者の保健を改善するための各国政府の努力を補足し，強化する国際協力の2つの重要な側面に焦点をあてる．第1の側面は，特に低所得国をはじめ世界中の国々における公衆衛生のためのグローバル公共財（GPGs）である．第2の側面は，国際貿易協定と貧困者の保健との関係である．特に，貿易関連の知的財産権，保健サービスの貿易，危険薬物の貿易を扱う協定が問題となる．移住が保健に及ぼす影響ももう一つの重要な論点となる．

　開発機関は，貧困者の保健を改善する国際的な共同作業を促進する重要な役割を担う．低所得国が保健のためのグローバル公共財を開発する能力を強化す

ることを,開発機関は支援できる.民間部門の代表と市民社会の代表を加えて(公私のパートナーシップを含み),先進国と開発途上国が一体となって開発途上国における疾病による負担を軽減するための新たなインセンティブを創出し,関与を高めていくような国際的な試みを,開発機関は支援強化できる.また,開発機関は対話政策を促進して,特に保健や貿易部門において,国内政策の一貫性を高めるために開発途上国の行政官に技術的な支援をすることができる.最後に,開発機関は貧困と保健に関連のある保健調査から貿易や移住政策にいたるまでグローバルな政策の調整問題について,当該政府内部における主唱者となることができる.

2　保健のためのグローバル公共財

　グローバル公共財は,国際開発の領域において益々重要なものとして認識されてきた.グローバル公共財の概念は,多様な方法で利用されている.もともと経済理論における非敵対的で排除不可能な公共財としての理解から,「すべての国々,すべての人々,すべての世代に広がる利益を伴った財」という理解まである.ここで「グローバル公共財」という用語は,市場での供給が不十分であり,広く国際的な関心事となっており,国際的に公的活動が必要とされている生産物,サービス,諸条件をめぐる国際的な実践活動を進展させるものとして使用されている.

　保健のためのグローバル公共財とは,しばしば民間部門とのパートナーシップの下で,共同して活動する国々によってのみ提供されうるものとなっている.開発機関の当面の挑戦は,保健のためのグローバル公共財が,すべての人々とすべての国々にもたらす恩恵について,いかに政府全体に及ぶ関心を喚起するかということである.以下では,保健のためのグローバル公共財に関する2つの実例を紹介する.グローバル公共財を準備することへのインセンティ

ブを強化することがいかに必要かが確認できよう．一つはより有効な保健制度のための調査と開発の事例であり，もう一つは国境を越えた伝染病の蔓延を検出し，統制するために有効な公衆衛生監視の事例である．

保健のためのグローバル公共財は他にもあるが，ここでは細部については論じない．たとえば，保健用品の確保，情報通信技術と情報通信管理（ICT/ICM）を促進するグローバルな活動，そして，貧困者の保健状況を改善するために最良の保健サービスの組織と財政に関する知識（本書がその好事例である）といったものが含まれよう．

(1) 研究・開発

保健制度に関する知識を普遍化し普及させることが，病気の予防と治療のために重要である．貧しい国々では，新しい薬やワクチン，そして，医療診断に関する研究・開発（R&D）から利益を得る機会が少ない．また，貧困国では研究・開発に公共投資をすることが最も困難であり，市場は一般的に国内で流行している病気に対して民間部門の調査を動機づけるだけの購買力に乏しい．

世界中の医療負担の 90％を占める疾病やその諸条件のために，世界中の保健研究調査支出の 10％未満しか割かれていないと推定されている(4)．この「10：90 格差」を埋めるための優先順位を確定する際，特定の疾病にインセンティブを適合させなければならない．この点に関しては，マクロ経済学保健委員会は，3 つの疾病のカテゴリーごとに有益な識別を行った(5)．

• 豊かな国と貧しい国に共通する疾病

　糖尿病，B 型肝炎，はしかのような疾病に関しては，民間の研究・開発へのインセンティブが既に存在する．問題はどちらかといえば，低所得の貧困者にも入手可能とするために，これらの疾病を治療する目的で最近発明された薬やワクチンの価格設定にある．ひとつの方法は，自発的に，あるいは交渉によって，薬価の格差制度を構築することである．そこでは，特許保護下にある高価な薬でも，貧しい国では安い価格，豊かな国は高い価格を支払

うことになる．

　開発機関は，マクロ経済学保健委員会が支持したこの方針を各国政府と国際フォーラムにおいて推進することを検討するであろう．もし，異なる価格設定メカニズムが機能しないで，特許を保有する薬の価格が低所得国の入手範囲を超えたままである場合には，後に議論するような貿易調整を通じて何らかの救済策が可能となろう．

- 貧困国と豊かな国に共通するが，貧困国の国民に多大な影響を及ぼす疾病

　エイズがその一例である．これらの疾病の研究・開発へのインセンティブは存在するが，低所得国ではこの投資は不相応な額となる．こうした状況下で，「本来の直接的な研究支援（押す力）」と「研究によって開発された商品の需要を高めるという研究支援（引く力）」を結びつけるような動機付けが必要であろう．

　優先性と活動の約束を確認できる国際的な連携を通じて，貧困者に多大な影響を及ぼす疾病に関する世界的な研究・開発により多くの公共投資をすることで，民間部門と研究者集団をこれらの疾病に向かわせることができる．場合によっては，軽視されてきた疾病を対象にした新しい薬やワクチンの購入が約束されていたならば，研究・開発の過程をさらに早めることになるだろう．

- 貧しい熱帯諸国に特有の疾病

　マラリアやシャガス病，眠り病やオンコセルカ症（river blindness）のような疾病が典型的である．これらの疾病に対し，新たな研究・開発を誘引するためには，さらに大きな努力が必要になるだろう．ここでは前述の「押す力」と「引く力」と同様に，基礎的な生物学調査への公的資金提供の増加が必要である．

　今後待望される検討に値するアプローチは，OECD諸国が「希少病」として既に着手してきたプログラムを開発途上国の疾病にも同様に拡張適用させることであろう．希少薬開発のためのインセンティブとしては，調査助成

金,課税控除,もしくは特許保護の拡張などがある[6].

　低所得国の貧困者に大きく影響を及ぼす疾病に関する研究・開発を刺激するインセンティブを整備するためには,国際協力が必要であり,また,公的部門・民間部門の間での緊密な連携を必要とする.現在,きわめて必要性が高いのにもかかわらず供給不十分な医療の研究・開発を奨励するために,多様な活動が進行中である.だが,貧困国の保健問題に割かれる研究予算は,依然として必要額よりはるかに下回ったままである[7].

　このような活動は,しばしばWHO,エイズ共同国連計画（UNAIDS）,国連開発計画（UNDP）,世界銀行のような多数の国々が参加する国際機関を基盤にしている.だが,これらの機関は,国際機関間の他,製薬会社,民間非営利組織,双務主義的な援助団体,研究機関,民間財団等とのパートナーシップをますます組み込んでいる.このような公・私のパートナーシップは,適切に組織され動機付けを与えられたとき,開発途上国では軽視されてきた保健問題に取り組む主要な戦略となる.

　マクロ経済学保健委員会もまた,可能性の高い国際保健調査基金（GHRF）のために資金調達がなされるべきことを提案した.国際保健調査基金とは,実際にあるOECD諸国内の国立保健機関や医療研究協会の国際版である.したがって,国際保健調査基金の適切なガバナンスと管理は重要な課題になるだろう.

（2）国境を越えた伝染病の感染

　世界旅行,国際移民,そして,国境を越えた食糧や動物の貿易の増加は,伝染病の国境を越えた感染に対して世界をより無防備にさせている.医療の研究・開発に加えて,国境を越えた監視,予防,そして管理が,保健のためのグローバル公共財の鍵を握っている.3つのタイプの国際的な集団活動が,国境を越えた伝染病の蔓延を阻止する手助けとなりうる.つまり,病気の監視,反

病原菌抵抗力（AMR）の抑制，疾病の撲滅プログラムである．これら3つの活動の効果は，各国や各地域の政策遂行能力に大きく依存している．ある国における低い遂行能力と弱い実行力は，すべての国々にとって脅威となる．このような場合，グローバル公共財の生産は，伝染病の統制力を強化することへの努力を要請する．

世界的，国内的な疾病の監視

　国際的な国境を越えた疾病の感染を統制する第一段階は，疾病を検出することである．世界中の国々は，1世紀以上にわたって伝染病の蔓延を追跡し，絶えず監視する努力を協同して行ってきた．WHOが世界に突発的に警告を発し，検証過程，伝染病の準備計画，主要な薬剤の備蓄等によって，国境をこえる疾病の感染を統制するための禁輸や渡航制限を要求することは次第に減らされてきている．それでもなお，現行の監視システムはまだ断片的であり，慢性的な資金不足に苦悩している．低所得国は，世界的な監視の鎖の輪への最も弱いつながりしかない．低所得国は，実験室や専門家，情報インフラ，そして疾病の報告システムが不十分であり，監視システムと対応システムの間の連携も不適切である．

　こうした低所得国の諸問題に対処する努力が，長年にわたって展開されてきた．WHOはこれを援助し，開発機関も支援してきたし，現在でも関心を寄せている．しかし，新しい病原体の発生，古い病原体の再出現，病原菌の抵抗薬剤の開発等によってもたらされた新たな挑戦に対処するために不十分なグローバルシステムを補うことは，熟達した保健専門家でも不可能であろう．

　1995年，WHOは国際保健条約（IHR）を改訂する作業に着手した．この条約は，現状ではWHO加盟国に要求される通告の範囲を，単にペスト，コレラ，黄熱病を超えて「国際的な関連を持つ公衆衛生の緊急事態」までを含む唯一の国際条約である．低所得国は国際保健条約の交渉に全面的に参加できるよう要求すると同時に，国際保健条約が改訂されれば，自国の監視システムに関

して要請される変更を実施するための支援も求めている．

反病原体の抵抗力を抑制するための世界戦略

　抗生物質への抵抗力を高める微生物の能力は，自然な生物学的現象である．しかし，それは不適当な抗生物質の使用によって悪化した．エイズのための抗レトロウィルス性（antiretrovital）療法は，急速に関心を集めている課題の一つである．いくつかの国々では，結核の変種が，疾病に対して使用されている最も有効な薬のうち少なくとも2つの薬への抵抗力となった．

　その他の場合では，一般に広く抗マラリアとして使用されてきた薬が，現在では実際に使われなくなっている．何故なら，マラリア寄生虫がこれらの薬への抵抗力を持ってしまったからである．そして，治療が失敗すると，患者は長期間伝染性のままで，その抵抗力が益々広がり増長されていく．複数の薬の抗体を持った病気の治療に必要な薬は，非抵抗種治療に処方される薬よりおよそ100倍高価である．

　一つの国で行われた活動が，すべての国々に利益をもたらす．抗生物質の濫用は世界的な懸念であるが，その誤用や利用不足は多くの開発途上国でより重大な問題となっている．各国で責任ある政策を可能にさせるための規範や基準を設定するには，国際的な協調が重要である．2001年，WHOは，薬剤への抵抗の拡大を抑える世界的な戦略に着手した．そこでは，患者，保健提供者，病院経営者，保健大臣，そして農業部門の政策立案者と管理者のための50以上の勧告が含まれている（動物の疾病抑制や成長促進に使用される抗生物質は，人間の薬剤抵抗力に影響する）．

　勧告を実行する責任の大部分は各国政府にあるから，必要な活動を行うのに十分な財源がない低所得国を支援することはDAC加盟国の関心事となる．抗病原菌薬の使用や薬剤抵抗の抑制の監視を含み，各国政府の薬剤規制能力を強化することは，広く開発機関の支援を価値あるものにする有意義なグローバル公共財の事例である．

疾病の撲滅と排除プログラム

　疾病の撲滅は「純粋な」グローバル公共財の例としてしばしば引用される．一度疾病が撲滅されると，すべての国々はその利益を得て，利益の分配を競い合う必要はなくなる．また，疾病の撲滅の利益は明白であり，永続的である．1979年の天然痘の最終的な撲滅以来，3,000万人の命が救われ，1年間に2億7,500万USドルの直接総経費が節約されている．

　ポリオの根絶は現在99％達成された．これは国際機関，双務的な開発機関，そして，市民団体の世界的な連携によって支援された大々的な各国国内の免疫キャンペーンのおかげである．ポリオは撲滅されて以来，世界的な予防接種費用は，1年に1億USドルを超える額の節約となった．疾病を抑制する努力の利益は，既に疾病の伝染を国境内で比較的低い数値にまで抑制してしまった国々にとって最も大きいものとなる．だが，世界的な疾病の排除を通してはじめて，その疾病によって生じるコストもなくなるのである．たとえば，アメリカ合衆国は年に約2億5,000万USドルを節約することを主張している．この金額は，すでに撲滅している疾病の再輸入を防ぐために，毎年ポリオ免疫を与えることに費やしている額である．

　その他の多くの疾病も，撲滅もしくは除去することが可能である．利用可能で有効な予防や治療は，そのための前提条件であり，すべての人にワクチンや治療を普及させるのに十分な手段となり，動機付けともなる．ポリオに加えて，世界的な努力は，フィラリア症，ハンセン病，ギニア虫病，破傷風，シャガス病，そして，はしかを排除することに（あるいは，総人口の10,000分の1未満に発病数を削減することに）焦点を当てている．

　開発協力は，低所得国における疾病抑制のイニシアティブを補う役割を果たしている．しかし，利用可能となった財源は，必要な額に比べてなお少ない．計画目標達成にこうしたイニシアティブが近づいていくためには，国内的にも国際的にもより多くの努力が必要である．

（3）保健のためのグローバル公共財——開発機関への勧告

　　開発機関は，保健のためのグローバル公共財の生産にとって「インセンティブ・ギャップ」を補正する中心的な役割を担っている．最近の開発が示唆することは，グローバル公共財に融資し開発させようとするアピールが，保健への援助や援助全体を増やすことにつながるという事実である．

　　保健のグローバル公共財から生まれる恩恵は，貧困国と同様に豊かな国にももたらされる．このため，グローバル公共財の基金は，可能な限りにおいて，ODA以外の財源から調達されるべきであろう（たとえば，OECD加盟国の国内保健部門とか調査予算など，また，部分的には増額された国際援助予算から）．こうした多様な財源があることで，世界的に重大な保健問題に取り組むための大きな基金と技術的支援を提供することができる．援助の効率が高まると，より価値の高い保健のためのグローバル公共財の構築を支援することが一部で要請されることになる．

　　開発協力機関は，世界的な保健の利益を確保するために重要な低所得国における資金不足の活動を支援することによって，現行の研究・開発投資と貧困者の保健問題との間のギャップを縮めることができる．このことは，以下のような保健のためのグローバル公共財の生産に開発途上国がパートナーとして参画する能力を強めることになるだろう．

- 新しい保健技術を試行するのに必要な制度や組織を開発し，効果的に活用できるように開発途上国を支援すること
- 軽視された疾病に焦点を当てつつ，グローバル公共財に関する研究・開発のために先進国と開発途上国双方の研究調査機関間の協力関係を強化し，地域的な研究と訓練センターへの財政支援を拡大すること
- グローバル公共財の供給を可能にする環境を創造するために，先進国と開発途上国の間での政策対話を促進すること
- 貧困者の疾病により焦点をあてるように，開発途上国の医療研究協議会に働

きかけ，この種の研究を世界的なレベルで調整する機関を支援すること
- 低所得国のニーズや優先権が反映されることを保障するために，国際保健規則の改訂過程に低所得国の参加を促し，各国の監視システムにおいても新たに要請される変更内容の履行を支援すること
- 反病原菌抵抗力（AMR）を抑制し，疾病撲滅と排除プログラムを履行するために，各国内の疾病監視システムを強化すること

開発機関は，貧困者の保健問題に焦点をあてた新しいワクチンや薬剤，知識を生産することを探求する国際的なイニシアティブへ必要不可欠な財政支援を準備することもできる．マクロ経済学保健委員会によれば，新しいワクチンや薬の開発のために，2007年まで3万USドル，2015年まで4万USドルが必要とされる．重要なことは，必要な資金が，継続的であることである．

こうした研究開発の成果は直接的な資金によって，また，前述の「希少薬」計画を含み，「押し出す」インセンティブと「引き出す」インセンティブによって達成されることができる．開発機関は，開発途上国に重要な疾病に関する保健調査を優先させるように，政策の一貫性のために「押し出す」インセンティブに影響を及ぼしつつ，政府関連機関に要請していくこともできる．

また，新しい研究の生産物を買う資金を予め引き渡しておくパイロットプロジェクトが考慮されるべきであろう．このプロジェクトには，可能な限り低い商業価格を設定するために製薬会社と交渉する商業取引の専門家を含まなければならない．

3　保健と貿易と開発

商品とサービスの貿易は，貧困者の保健にますます重要な影響力をもつようになった．国際貿易を規定する国際協定，地域協定，二国間協定は，まさにこ

の種の文書による事例であり，協定の内容を容認することで，開発機関は世界的な保健のための一貫した政策について，各国政府の貿易部局との議論に着手することができる．

　貿易と保健の問題は広い範囲に及ぶ．(8) ここでは，以下の3点に焦点をあてる．①知的財産権と主要な医薬品へのアクセス，②サービスの貿易とそれが及ぼす貧困者の保健サービスへのアクセスへの影響，③危険な商品の貿易，である．

（1）知的財産権と主要な医薬品の入手可能性

- 貧しい国々の貧しい人々にとっての主要な薬とワクチンの入手可能性を保障することの重要性は，国連のミレニアム宣言において強調されていたし，ミレニアム開発目標(9)にも反映されていた．入手可能性は，有効な防貧保健制度を含み，合理的な選別と利用，入手可能な価格設定，持続可能な財政，信頼できる供給，配給システムによって決まる．これらの要素のうちのいくつかは，既述のとおりである．ここでは，貿易協定の脈絡から価格問題に焦点を当てよう．

　主要な薬の値段が下がることは，開発途上国の防貧保健にとってきわめて重要である．すべての保健支出に占める医薬品支出の割合は，かなり高い(25%から65%)．だが，開発途上国の保健予算は一般的にあまりにも小額であり，貧困者が最低限の薬を確保するためのプログラムを運営するのにも不十分である．

　世界貿易機構（WTO）の知的財産権の貿易関連（TRIPS）に関する協定は，すべてのWTO加盟国に，すべての製品の発明と工程に関して，少なくとも20年の特許保護を規定している．だが，開発途上国，特に最貧国の特許には，移行期間が認められている．特許制度は，特許所有者に特許製品を作成，利用，販売，輸出に係わる一切の権利を認めている．この独占的な権利には，一般競争が許される前の特許保護期間中はかなり高額の価格設定とな

る権利も含まれている．製薬業界にとっては，特許保護は研究・開発費用の回収に決定的に大事であり，新薬開発への大きなインセンティブとなる．

だが，低所得国の不十分な需要と制度的な不備などその他の制約と関連して，特許保護の重要性は，誇張されるべきではない．WHOが列挙した主要な薬剤のほとんどは，特許を取得していないか，特許の有効期限が切れることで既に公共的な使用領域に入っている．

ほとんどの開発途上国で医薬品の特許保護は利用できるが，会社はそれらすべての国々で医薬品の特許を取得しているわけではない．特に，開発の最も遅れた国々や，市場が小さく，科学技術の能力が限られている国々は，特許保護が適用される国々から，あるいは，もし可能であれば，医薬品が特許を取得していない国から，同じ医薬品を輸入しなければならなくなるだろう．このような並行輸入は，知的財産権の貿易関連（TRIPS）に関する協定の対象となっていない．この概念に従えば，特許権所持者によって市場に送り出された国々から，特許を取得したか商標登録した製品を，低価格で輸入することが可能となることを意味する．

- 知的財産権の貿易関連（TRIPS）に関する協定は，同協定の規定に矛盾しないことを条件として，公衆衛生や栄養摂取を保護するため，そして，社会・経済的で技術的な開発にとって決定的な部門の公益を促進するために，必要な政策をとる権利を一つの原則と規定している．この協定には，たとえば人間の生命や保健の保護のように，特許によって与えられた独占的な権利に対する限られた例外も準備されている．その中には，政府が国家非常時には特許所有者の承認なしに特許製品の生産や特許済み工程の利用を許可できるような強制的な免許制度も含まれるであろう．

2001年11月，カタールでのWTO大臣会議は，知的財産権の貿易関連状況に関する協定と公衆衛生に関するドーハ宣言を採択した．ここで多くの重要な案件が表明された．WTO加盟国は，強制的な免許を許可する権利を持ち，そ

の免許が許可される根拠を決定する自由を持つ.さらに,各加盟国は国家非常時には特許所持者の承認なしに特許を使用する権利を持ち,どのような状況が国家非常時であり,緊急時であるかを決定することもできる.国家非常時とは,たとえば,エイズ,結核,マラリア,その他の伝染病に関連のあるような公衆衛生の危機を含むだろうと理解された.

TRIPSの強制的免許規則に従えば,当該免許の下で作られる製品は「使用を許可する加盟国の国内市場における供給に関して支配的に許可されていること」を要する(31条f).ドーハ宣言は,製薬業界で製造する能力のない,もしくは,製造能力が不十分なWTO加盟国が,TRIPS協定の下で強制的な免許制を有効に活用する際に実施上の困難に直面することを認め,TRIPS審議会にこの問題に対する迅速な解決を見出すよう通告した[10].また,WTOは最も開発の遅れている国々に対し,製薬部門における特許許可の義務化までの移行期間を2016年まで延長することとした.

- 強制的な免許制の有効的な活用を行うために特定諸国の問題解決を模索するWTO審議会の努力成果を含み,加盟国の開発機関はTRIPSと公衆衛生に関するドーハ宣言の施行状況を監視するように各国政府に働きかけるべきである.特許保護を維持した上で,入手可能な価格で,防貧保健の優先的な医薬品へのアクセスを改善するためにTRIPS協定を活用する開発途上国,とりわけ低所得国の能力を評価することが重要である.

(2) 国際貿易と移民:保健への含意

保健サービスの国際的な貿易は,多くの要因により増加傾向にある.通信技術の進展は国境を越えた遠隔医療の供給を可能にする一方で,低所得国のクリニックへの診断や処方の助言のように,保健サービス領域における新たな貿易形態を生み出しつつある.より速く,より費用のかからない旅行は,外国で医療サービスを受けることを容易にしている.そして,開発途上国では,医療

「観光客」をひきつける特別なパッケージツアーを商品化し市場に出している．

いくつかの国々における医療サービスの改革では，国内の民間供給業者と外国の供給業者の医療サービスを提供する機会を創出している．保健医療関係の専門職員については，移民外国人の数が増加している．一時的にせよ，恒久的にせよ，高い賃金とより良い労働条件を求めて，低所得国から高所得国への移民が増加している．

WTO の貿易とサービスの一般協定（GATS）は，開発目標に沿ってサービス貿易を徐々に自由化していくことを容認する一定範囲内での政策選択権を加盟国に与えている．現在，WTO で遂行中の交渉は，サービスにおける貿易の自由化をより高い程度に漸次的に引き上げていくことを内容としている．

協定がどの部門を自由化し，どの程度の自由化を行うかは，各加盟国政府の自由な選択に委ねられるが，交渉では予めいかなるサービス部門も除外対象としていない．保健サービス部門の貿易を自由化すべきか否か，また，どの程度自由化するかの決定に際しては，WTO 加盟国は貧困者の保健サービスへのアクセスに対する潜在的な便益とリスクを考慮することが必要である．

民間の保健施設への海外投資の増加は，受け入れ国の保健ケアの質の改善を容易にするだろう．特に，大学，あるいは高度に専門化した病院サービスのような第3次産業では，特にこの傾向は該当する．だが，もしこの投資が大規模で，より魅力的な賃金と職場環境を提供する病院のサービスを支援するものならば，貧困者が頼りにしている地方の公共施設における医師や看護師のスタッフ不足の状況を悪化させるだろう．

低所得国における貧困者の保健サービスへのアクセスに対する民営化の影響（GATS が適用されない）に関する経験的な証拠が不足しているため，より多くの研究調査と監視が求められている．改革が相次ぐ他の部門からの教訓は，防貧保健目標の達成には民営化や市場を外国投資家に開放する前に，各国内の効率的な規制の枠組み設定が求められることを示唆している．

低所得国では，適切な訓練を受けた職員が一般的に不足している．こうした

国々での専門的な医療職員の能力は，本来，職場環境の改善を通して高められるべきである．特に，施設や設備の修復，人的資源管理の改革，サポート制度，民間開業医の公的部門システムへの再統合などが具体的な職場環境の改善に当たる．多様な手段の中で，南北間の組織的なパートナーシップが，参考資料の提供や訓練プログラムを通して，開発途上国の人材育成に貢献することができよう．

保健医療の専門職は，しばしばよりよい給料や職場環境を目指して移住する．このような移住は，一時的であったり永続的であったりする．ここで，一時的な移住か，永続的な移住かによって，送り出す国も，受け入れる国も，まったく異なる問題を抱える．

専門教育では，当該国の保健システムにおいて有能なスタッフの供給を高めるために，補助金がかなり高く支出されているのが通常である．ごく一部の国々（フィリピンがその一つ）ではあるが，海外からの送金額が保健専門職の国内供給を減少させるコストを相殺していると，正面から議論されている．

専門職員の不足に直面しているOECD加盟国では，適当な専門能力と語学力を持つ人材を開発途上国から積極的にリクルートしようと移民受け入れを奨励している．だが，躊躇なく言えば，こうした行動は，専門職員不足を悪化させている人材送出国の保健制度の受容力問題をさらに深刻にするという大きな影響力を持つであろう．

いくつかのOECD加盟国は，これらの問題，特に，積極的なリクルート活動に向けて対策を講じ始め，防貧保健のための政策の一貫性を高めようとしている．そのため，低所得国における雇用条件を改善するための支援を含み，保健専門職の国際的リクルートに関する倫理的な見取り図をWHOが開発することが示唆されている．

保健サービスの国際貿易が成長し，多様化するにつれて，また，サービス貿易に関する協定が保健ケアを対象とするまでに拡大するにつれて，開発途上国は便益とリスク，そして，保健制度の規則への含意を評価する方法に関して技

術と支援を求めている.

　保健サービスの貿易に関する専門的な技術援助のために低所得国のニーズをいかに支援するか,そして,国内政策を統合させるために保健省と貿易産業省の間の対話をいかに奨励していくか,開発機関が考慮することであろう.また,開発機関は,貿易自由化が貧困者の保健サービスへのアクセスに及ぼす影響に関して,信頼できる調査研究を支援し,この問題についての知識を周知普及させるために支援の機会を探っていくだろう.

(3) 危険商品の貿易

　商品,生産物,日用必需品における国際貿易には,公衆衛生関連も含まれている.たとえ製造業者がリスクを伴うと主張したとしても,WHOは人間の生命や健康を守るため,そして,環境保護のために,加盟国が自由貿易のルールに例外を設けることを容認している[11].国境を越え,場合によっては地球環境レベルで人間の健康に影響を及ぼす諸問題に取り組むために国際共同体に共通する関心や責任を反映させた,危険商品の貿易に関係する国際条約が若干存在する[12].

　タバコ規制協定の骨格が,現在提案されている[13].貿易関連の主な特徴として,次のようなものが草案されている.不法貿易や密輸入との戦い,免税販売の段階的停止と課税の国際的「調和化」の促進,タバコ商品の関税からの免除,包装・ラベル・広告等の多様な問題への取り組み等である.

　タバコを含めた危険商品にさらす機会を減らすための対策を通じて,開発途上国の貧困者の保健を増進させることに関連して,開発機関は環境部門と貿易部門の仲間たちと相談すべきである.そうした議論を通じて,援助,貿易,環境,保健に関するOECD加盟国の政策における一貫性を探求すべきである.

注記

(1) Kaul, P., P. Conceicao, K. Le Goulven and R. Mendoza (eds.), *"Providing Global Public Goods, Managing Globakization"*, p.26 に引用された定義.

www.undp.org/globalpublicgoods/globalization/toc.html.
（２）「排除不可能性（Non-excludability）」とは，商品やサービスを消費するために支払わない人を排除することが不可能かあるいは禁止すべきほど高価であることを意味する．「非敵対性（Non-rivalry）」とは，ある人の公共財の消費が，他の人に入手可能な量に影響を与えないことを意味する．「公共悪」に相応する概念は，商品やサービスを否定的に使用することであり，地域共同体はそれを防止，あるいは，減少させることによって利益を得るのである．
（３）周産期の保健に関する国際的に合意された目標を成し遂げるために必要とされるコンドームや別の避妊薬の供給のことである．
（４）The Global Forum for Health Research (2002), *The 10/90 Report on Health Research 2001-2002,* Geneva.
www.globalforumhealth.org
（５）WHO (2001), *Macroeconomics and Health : Investing in Health for Economic Development, Report of the Commission on Macroeconomics and Health,* WHO, Geneva.
（６）「奇少病（orphan diseases）」とは，先進諸国では発症率が低く，研究・開発を誘引する市場のインセンティブが乏しい疾病である．
（７）これらのイニシアティブを再調査するためには，次の文献を見よ．
The Global Forum for Health Research (2002), op. cit., Chap. 8,"Some networks in the priority research areas".
（８）WHO/WTO (2002), *WTO Agreements and Public Health : A Joint Report by the WHO and WTO Secretariats.*
www.who.int/media/homepage/who_wto_e.pdf
（９）ミレニアム開発目標における目標の8が「開発のための世界的パートナーシップを開発すること」とあり，対象17が「製薬会社と提携し，開発途上国で入手可能な主な薬へのアクセスを準備する」となっている．
（10）2003年2月の時点で，TRIPSの審議会で合意を得た解決策はない．
（11）発がん性物質として既に確定されたアスベストを含むWTOでの最近の議論では，各国は健康に有害な商品の貿易を禁止することができたと断言した．このケースの評価に関しては，前掲のWHO／WTO（2002）に詳しい．
（12）これらには，危険な廃棄物の国境を越えた移動に関するバーゼル条約，危険な化学物質のための事前インフォームドコンセント（PIG）に関するロッテルダム協定，そして，持続性有機汚染物質（POPs）に関するストックホルム協定を含む．
（13）本書第2章の図2を見よ．FCTCは現在交渉中であり，2003年に参加政府による署名が準備されると期待されている．

参考文献

Asian Development Bank (2001),
 Attacking the Double Burden of Malnutrition in Asia and the Pacific. Asian Development Bank, Manila. Accessible at *www.adb.org/documents/books/nutrition/malnutrition/default.asp*

Bennett, S. and L. Gilson (2001),
 Health Financing: Designing and Implementing Pro-poor Schemes, DFID Health Systems Resource Centre, London, Accessible at *www.healthsystemsrc.org*

CIDA (Canadian International Development Agency) (2001),
 CIDA's Draft Action Plan on Health and Nutrition, CIDA, May 2001.

Commission of the European Communities (2002),
 Health and Poverty Reduction in Developing Countries, Communication from the Commission to the Council and the European Parliament, Brussels, COM(2002)129 Final. Accessible at *www.europa.eu.int/eur-lex/en/com/cnc/2002/com2002_0129en01.pdf*

Diamond, I., Z. Matthews and R. Stephenson (2001),
 Assessing the Health of the Poor: Towards a Pro-poor Measurement Strategy, DFID Health Systems Resource Centre, London. Accessible at *www.healthsystemsrc.org*

DFID (2000),
 Better Health for Poor People, Issues paper, DFID, London. Accessible at *www.dfid.gov.uk/pubs/files/tsp_health.pdf*

GTZ (Deutsche Gesellschaft für Technische Zusammenarbeit) (2002),
 Die Dinge beim Namen nennen – Gewalt gegen Frauen im Alltag, (Telling it Like it Is – Violence Against Women in Everyday Life). Accessible at *www.gtz.de*

IFPRI (International Food Policy Research Institute) (2000),
 "Overcoming Child Malnutrition in Developing Countries", *Food, Agriculture and the Environment Discussion Paper No. 30*, IFPRI, Washington.

Inter-Agency Group on Sector-Wide Approaches for Health Development (2001),
 Orientation and Training Seminars for Agency Staff: Sector-Wide Approaches for Health in a Changing Environment: Seminar Handbook, IHSD Ltd., London.

International Monetary Fund/World Bank (2001),
 Poverty Reduction Strategy Papers – Progress in Implementation, DC2001-0010, IMF/World Bank, Washington.

JICA (Japanese International Co-operation Agency) (2001),
 Lusaka District Primary Health Care Project in Zambia, Project Evaluation Report, JICA.

OECD (2000),
 Shaping the Urban Environment in the 21st Century: From Understanding to Action, DAC/OECD, Paris.

OECD (2000),
 Resource Book for Urban Development and Co-operation 2000, OECD, Paris.

OECD (2002),
 "Health, Education and Poverty Reduction", *OECD Development Centre, Policy Brief No. 19*, OECD, Paris.

SIDA (Swedish International Development Agency) (2001),
 Health and Environment, SIDA, Stockholm.

SIDA (2002),
 Health is Wealth, draft, SIDA, Stockholm.

UNDP (United Nations Development Program) (2000),
   Attacking Poverty While Improving the Environment: Towards Win-Win Policy Options, Poverty and Environment Initiative, UNDP/EC.

USAID (United States Agency for International Development) (n.d.),
   Serving the Poor: The USAID Global Health Experience in Poverty Reduction, internal document, USAID, Washington.

World Bank (2001),
   Making Sustainable Commitments: An Environment Strategy for the World Bank, World Bank, Washington.

World Bank (2002),
   World Development Indicators 2002, World Bank, Washington.

World Bank (2002),
   Millennium Development Goals, World Bank, Washington.

WHO, (World Health Organization) (1997),
   The World Health Report 1997: Conquering Suffering, Enriching Humanity, WHO, Geneva.

WHO (1999),
   The World Health Report 1999: Making a Difference, WHO, Geneva.

WHO (2000),
   Health: A Precious Asset, Accelerating Follow-up to the World Summit for Social Development, Proposals by WHO, WHO, Geneva (WHO/HSD/HID/00.1).

WHO (2000),
   Sector-Wide Approaches for Health Development: A Review of Experience, Strategies for Co-operation and Partnership, Global Programme on Evidence for Health Policy, WHO, Geneva.

WHO (2001),
   Macroeconomics and Health: Investing in Health for Economic Development, Report of the Commission on Macroeconomics and Health, WHO, Geneva.

WHO (2001),
   Review of Implementation and Effectiveness of Existing Policy Instruments on Transport, Environment and Health, and of their Potential for Health Gain, WHO, Geneva.

訳者あとがき

　本書は，OECD が出版した "DAC Guidelines and Reference Series: Poverty and Health" 2003 の翻訳である．本書は WHO と OECD の共同作業の成果であり，実は貧困と保健の二つの領域が非常に密接に関係していることが改めて証明されている．本書の日本での紹介を強く希望した所以である．多様な領域で開発途上国と関係を持つ多くの方々に本書をお読みいただきたい．

　国際協力や国際福祉に関係する者にとって，本書の示唆するところは大きいと確信する．研究においても縦割りが進行しており，貧困問題と保健問題はまったく異なる領域で異なる研究者の縄張りであったように思われる．それ以上に，社会福祉の専門家と国際開発援助の専門家も行動を別にしていたように思われる．

　原書は岡の担当する明治学院大学社会学部の外国書購読で使用し，さらに，大学院の社会保障研究でテキストとして使用した．本書は共同作業の成果でもある．訳出に際しては，大学院社会学専攻科の学生を中心に各章ごとに分担して下訳を作成してもらった．担当は，要約，1 章岡伸一，2 章坂間治子，3 章佐々木愛佳，4 章荒川麻姫，相馬美和子，5 章今雪宏恵となっている．他に，橋本直人と森崎瞳の協力も得られた．最終的には，岡と坂間の責任の下で全体の修正と調整を加えた．改めて，関係した学部，大学院の多くの皆さんに感謝したい．

　翻訳の許可と出版助成まで配慮していただいた OECD と出版をお引き受けいただいた学文社の田中千津子社長に改めて感謝の意を表したい．

　最後に，日本が福祉領域での国際貢献をさらに発展させていくことで，世界の貧しく恵まれない人々がひとりでもひと時でも幸福になれるように願ってやまない．

　　2005 年降誕節に　　　　　　　　　　　　　明治学院大学白金キャンパスにて

　　　　　　　　　　　　　　　　　　　　　　　　　　岡　　伸一
　　　　　　　　　　　　　　　　　　　　　　　　　　坂間　治子

訳　者

岡　伸一
埼玉県生まれ
明治学院大学社会学部社会福祉学科教授
専門，社会保障論

坂間　治子
東京都生まれ
明治学院大学大学院社会学専攻科博士後期課程在学
日本キリスト教婦人矯風会女性の家HELP　ソーシャルワーカー

開発途上国における **貧困と保健**
(開発援助委員会（DAC）ガイドラインと参考資料シリーズ)

2006年4月10日　第1版第1刷発行

著　者　OECD・WHO編
訳　者　岡　　伸　一
　　　　坂　間　治　子
発行者　田中千津子

発行所　株式会社　学文社

〒153-0064　東京都目黒区下目黒3-6-1
電話03(3715)1501・振替00130-9-98842

(落丁・乱丁の場合は本社にてお取替します)　　検印省略
(定価はカバーに表示してあります)　印刷/株式会社亨有堂印刷所
ISBN 4-7620-1553-9
© 2006 OKA Shinichi and SAKAMA Haruko Printed in Japan